A Simulação da Morte

Coleção Estudos
Dirigida por J. Guinsburg

Equipe de realização – Edição de Texto: Jenifer Ianof; Revisão: Adriano Carvalho Araújo e Souza; Sobrecapa: Sergio Kon; Produção: Ricardo W. Neves, Sergio Kon, Luiz Henrique Soares e Raquel Fernandes Abranches.

Lúcio Vaz

A SIMULAÇÃO DA MORTE
VERSÃO E AVERSÃO EM MONTAIGNE

CIP-Brasil. Catalogação-na-Fonte
Sindicato Nacional dos Editores de Livros, RJ

V496s

Vaz, Lúcio
  A simulação da morte : versão e aversão em Montaigne / Lúcio Vaz. – São Paulo: Perspectiva; Belo Horizonte: UFMG, 2011.
  (Estudos ; 293)

  Inclui bibliografia
  Apêndice
  ISBN 978-85-273-0925-7

  1. Montaigne, Michel de, 1533-1592 – Crítica e interpretação. 2. Filosofia francesa. 3. Medo da morte. I. Universidade Federal de Minas Gerais. II. Título. III. Série.

11-4578.   CDD: 194
                  CDU: 1(44)
22.07.11   28.07.11   028285

Direitos reservados à
EDITORA PERSPECTIVA S.A.

Av. Brigadeiro Luís Antônio, 3025
01401-000 São Paulo SP Brasil
Telefax: (011) 3885-8388
www.editoraperspectiva.com.br

2011

*A meu pai, por nunca ter confiado pudesse
seu filho fazer algo de relevante, minha refutação*

Sumário

Agradecimentos.................................... XI
Introdução XIII

1. A IMAGINAÇÃO 1

2. A SIMULAÇÃO 9
   O Último Dia 9
   O Ascetismo 12
   Simular a Morte 17

3. A PREDISPOSIÇÃO 29
   Irrealizabilidade 30
   Inutilidade.................................. 33
   Nocividade 39

4. O PROBLEMA DA TRANSIÇÃO..................... 49
   Primeiro Enfoque............................ 53

Segundo Enfoque 56
   Terceiro Enfoque 59

5. OBSERVAÇÕES HISTÓRICAS 63

   Possíveis Influências Gregas e Romanas............ 63
   Possíveis Influências da Cultura
   Medieval e Renascentista 77

6. O APROVEITAMENTO DO TEMPO................... 89

   DO TEMOR DA MORTE........................... 95

Apêndice

   Quadro das Principais Variações Textuais
   na Filosofia da Morte de Montaigne 109

Bibliografia... 115

Agradecimentos

Este livro é produto dos esforços não apenas do autor, mas também de pessoas e instituições que muito contribuíram para a sua realização. Assim, gostaria, antes de tudo, de endereçar sinceros agradecimentos, a saber:

À Capes, que me concedeu bolsa de pesquisa, durante o mestrado.

Ao Colegiado de Pós-graduação em filosofia da UFMG, pelo fomento na publicação do livro. À editora Perspectiva, que concretizou a publicação do livro.

Aos funcionários do Departamento de Filosofia, especialmente, a Andréa Baumgratz, secretária da pós-graduação. Aos funcionários da biblioteca da Fafich, principalmente, a Vilma.

À prof². Miriam Campolina, pelo auxílio com os filósofos antigos e pelo democriteano bom humor. Aos professores Sérgio Cardoso, Luiz Eva e Newton Bignotto por seus lúcidos comentários críticos.

E, principalmente, à Prof². Telma Birchal, que orientou a pesquisa de forma cuidadosa, com dedicação, conhecimento, paciência e incentivo.

A esses e tantos outros por terem sido tudo que são ou foram, apesar do que eu sou ou tenho sido.

Introdução

O propósito inicial deste livro era investigar se devemos ou não temer a morte e, se não, o que fazer para alcançar um estado de pleno desassombro. Isso posto, pouco importava, desde o início, a acalorada e frívola discussão sobre as demonstrações da imortalidade ou mortalidade da alma ou de qualquer substância portadora de um resto da identidade pessoal; importava antes que atitudes tomar, que conduta seguir em vida frente à certeza da absoluta mortalidade ou para evitar dogmatismos desnecessários e precipitados, frente à dúvida quanto a qualquer prêmio ou castigo futuros. Restava saber em que obra e autor eu haveria de colher respostas para tais problemas.

Michel de Montaigne, sem dúvida, fornece muitos elementos para responder a esses questionamentos. Entretanto, as respostas não são simples, nem imediatas. Obra multifacetada, ambígua e plural, seus *Ensaios* impressionam tanto quanto desafiam pela variedade de temas e opiniões[1]. Talvez por situar-se na confluência das várias reflexões da Antiguidade clássica sobre a morte, retomadas no Renascimento, bem como na nascente de algumas

---

1 H. Friedrich entre outros críticos, diz que, devido ao método de tentativas (*essais*), há várias contradições no texto. Cf. *Montaigne*, p. 324,

das modernas, o livro esteve sujeito tanto à redução de suas fontes ao modelo de uma colcha de retalhos[2] quanto à sua inflação a partir do olhar daquilo que se seguiu na história da filosofia. Força se faria, no intuito de evitar eventuais deteriorações, desbastar o todo do texto e dele depreender os recortes, entender seu encaixe e deduzir suas eventuais inovações, medindo, assim, a distância entre Montaigne e aqueles dois extremos.

Conquanto reconheça a importância de objetivar essa determinação fiel do lugar ocupado por Montaigne na linha da história, não intento limitar-me ao traçado historiográfico. E não o faço devido à constatação do abismo hermenêutico quiçá intransponível – ora, ora, eu cá fazendo minhas distinções e criando garras e o texto ali, revolto, esgueirando-se por entre meus dedos como um sabonete molhado! – entre mim e o texto, abismo anacrônico ao qual o ato de leitura e interpretação está fadado, e também, em virtude da necessidade de refazer a experiência de confronto com a morte, o que está além de meramente interpretar a de Montaigne.

As interpretações até o início do século XX redundaram no primeiro tipo de engano de leitura do texto. Até mesmo a de Pierre Villey da evolução trifásica dos *Ensaios*[3], por exemplo, em que pesem seus esforços por reconhecer a novidade e independência de Montaigne, acabou por encarar as mudanças na atitude frente à morte como resultantes, sobremaneira, da mudança do peso de determinadas leituras de Montaigne que desembocariam numa migração de escola. No interior desse paradigma de leitura, muito se escreveu no intuito de determinar se Montaigne foi inicialmente estoico e posteriormente epicurista, tendo passado por uma crise cética, ou se nunca foi estoico, como na avaliação de Armaingaud[4], ou seja lá o que for.

Não acredito que o problema da filiação filosófico-partidária seja decisivo, pois, em primeiro lugar, a distinção entre as três escolas (estoicismo, pirronismo e epicurismo), principais candidatas à inclusão de Montaigne junto a seus seguidores,

---

2 Ou, na sugestiva e deliciosa expressão de A. Gide, "um pudim compacto de autores gregos e latinos". Cf. "Montaigne", em M. Montaigne, *Les Pages immortelles de Montaigne*, p. 8.
3 *Les Sources et l'évolution des* Essais *de Montaigne*.
4 Étude sur Michel de Montaigne, em M. Montaigne, *Les Essais*, v. 1

nem sempre é tão nítida, ou pelo menos, nem sempre é tão nítida no próprio texto em questão[5]. Deve-se reconhecer com olhos bem abertos que um período – como foi o helenístico, fonte das principais influências sobre a reflexão montaigniana sobre a morte – tão rico em ideias como em extravagantes modos de vida oferecia uma série de doutrinas e argumentos comuns a várias escolas.

Além de nem sempre, ou melhor, quase nunca haver indicações nominais, explícitas ou minimamente claras de alguma filiação, as indicações que temos (citações em latim, exemplos colhidos em autores conhecidos, presença de uma determinada obra na biblioteca de Montaigne e coisas do tipo) não são índices seguros da autoinclusão, consciente ou inconsciente, do autor em uma corrente específica. Esse meu ceticismo se explica pelo fato de a relação de Montaigne com o já dito ser variável e tortuosa, relação em que o corte e o recorte, a distorção e a apropriação são frequentes e, até mesmo, assumidamente indispensáveis.

Uma objeção óbvia a esse desprezo aparentemente completo pelo encaixe do filósofo francês em um conjunto de teorias e práticas filosóficas seria: como discutir um tema tão capital sem remissão às citadas fontes? A remissão é importante, mas a classificação, não. Sendo assim, parto do texto e dirijo a atenção ao uso da fonte e da tradição.

Sem embargo, a questão de uma filiação específica há de merecer maior detença. Dado que aqui me ocupo das atitudes diante da finitude da vida, uma vez estabelecida ou a pretensa certeza da mortalidade da alma ou a dúvida sobre a imortalidade, surge a pergunta: Montaigne era realmente cristão?

Para adentrar essa espécie de intimidade intelectual, conspiraram, em longos quatro séculos de recepção, o estudo da vida e da obra do autor bem como a formação e o humor do

---

5 Muitas vezes, as dissensões são meramente terminológicas ("verbales"), M. Montaigne, op. cit. I, 20, p. 81C. Nas citações que fizer dos *Ensaios*, como já é de costume, o primeiro número, em algarismo romano, refere-se ao livro; o segundo, ao capítulo; e o terceiro, à página, seguida da letra que diz respeito ao estrato do texto: A, para as edições de 1580 e 1582; B, para as inovações da edição de 1588 e C, para as posteriores a esta data. Seguirei a grafia da edição de P. Villey, mas quando estiver usando as edições originais sua própria grafia será mantida. No caso de citações, apresentarei uma tradução com a página da edição brasileira, embora nem sempre a minha tradução coincida com essa última.

intérprete. E uma vez mais, é preciso afastar-se do dogmatismo dos extremos. Posso dizer – servindo-me da sábia suspeita de Montaigne de que o distanciamento no tempo, num mergulho cada vez mais fundo na noite da história, produz redução significativa no grau de nitidez do passado – que é deveras difícil, não sei se impossível, ter certeza sobre os reais sentimentos de Montaigne quanto ao cristianismo, em todos seus dogmas e suas práticas. Tal consideração peremptória permite responder à (ou me esquivar da) questão da fé colocada acima e criar outra: qual o uso e a utilidade da crença na imortalidade da alma para a argumentação de Montaigne contra o medo da morte? Podemos detectar em sua argumentação a presença do cristianismo, já que não podemos perscrutar os sentimentos de seu autor? Os argumentos de Montaigne na maioria das vezes não fazem recurso à esperança religiosa[6]. Talvez a única exceção esteja numa passagem em que Montaigne pensa que não teremos medo da morte se pensarmos nela como um convívio com os homens ilustres do passado[7] – o que se pode contrapor a uma série de passagens que parecem supor a mortalidade[8].

Para que essa introdução não se restrinja a uma mera declaração de intenções, gostaria de comentar alguns trechos que, não obstante, poderiam fazer (e efetivamente fizeram) alguns leitores pensar o contrário da tese que estou defendendo de um distanciamento argumentativo de Montaigne em relação às

---

6 Pascal, cujos pudores agostinianos em muito sobrepujavam os pendores céticos, censurou em Montaigne a despreocupação com o que para ele próprio era de capital importância. Cf. *Pensées*, fr. 63: "on ne peut excuser ses sentiments tout païens sur la mort [...] or, il ne pense qu'à mourir lâchement et mollement par tout son livre" (não se pode desculpar seus sentimentos inteiramente pagãos sobre a morte [...] ora, por todo seu livro ele só pensa em morrer de modo lasso e mole), e fr. 194, em que B. Pascal reputa como premente para nossa conduta moral o problema da imortalidade da alma.
7 "Tant de milliasses d'hommes, enterrez avant nous, nous encouragent à ne craindre d'aller trouver si bonne compagnie en l'autre monde" (Tantos milhares de homens, enterrados antes de nós, encorajam-nos a não termos medo de ir encontrar tão boa companhia no outro mundo, p. 236). Cf. I, 26, p. 158A. O mesmo argumento aparece nas *Tusculanae disputationes*, I, 41, de Cícero e na *Apologia de Sócrates*, de Platão.
8 Por exemplo, o tipicamente epicurista I, 20, 95C: "Elle ne vous concerne ny mort ny vif: vif, parce que vous estes: mort, par ce que vous n'estes plus" (Ela [a morte] não vos diz respeito nem morto nem vivo: vivo, porque existis; morto, porque não mais existis, p. 139). A. Armaignau fornece vários outros exemplos. Cf. Étude sur Michel de Montaigne, em M. Montaigne, *Les Essais*, p. 182.

crenças religiosas. No primeiro, Montaigne diz: "Onde se vive sob esta opinião tão rara e incivil da mortalidade das almas"[9]; o contexto em que ele se insere é mais uma daquelas várias listas tão ao gosto dos *Ensaios* em que seu autor desfila uma variedade de costumes aceitos e comuns entre outros povos, embora inconcebíveis aos olhos europeus de então. A função dessa espécie de catalogação antropológica sumária é mostrar que, ao contrário do que se pensa eurocentricamente, tais modos de vida e crenças, como a mortalidade individual, não são impraticáveis. Além disso, os adjetivos que negativamente caracterizam a crença na mortalidade da alma não denotam em absoluto um não assentimento de Montaigne, posto que dizem respeito apenas à frequência (*rara*) e à coesão social por ela suscitada (*incivil*), tendo estes adjetivos de cunho social sido acrescentados depois de 1588 no lugar onde se lia *desnaturada*[10].

O segundo está na "Apologia de Raymond Sebond"[11], em que ele diz que o temor da morte não mais teria espaço se crêssemos nas "grandes promessas da beatitude eterna", se a religião desfrutasse da mesma força que a filosofia. Michael Screech pôde agraciar seus leitores com uma supervalorização da devoção cristã de Montaigne nesse bloco de texto. Cito a passagem completa em questão:

> Essas grandes promessas da beatitude eterna, se as acolhêssemos com a mesma autoridade que uma opinião filosófica, não teríamos tanto horror à morte quanto temos.
>
> [B] Non jam se moriens dissolvi conquereretur;
> Sed magis ire foras, vestémque relinquere, ut anguis
> Gauderet, praelonga senex aut cornua cervus.
> Quero ser dissolvido, diríamos, e estar com Jesus Cristo[12].

---

9 "Où l'on vit soubs cette opinion si rare et incivile de la mortalité des ames", I, 23, p. 113B, p. 170.
10 *Exemplar de Bordeaux*, fl. 39 (*desnaturée*). Infelizmente a edição de Villey não marca esse acréscimo como tipo C, assim como várias outras correções pontuais ao longo do livro.
11 II, 12, p. 445A.
12 P. 170. No original:
"Ces grandes promesses de la beatitude eternelle, si nous les recevions de pareille autorité qu'un discours philosophique, nous n'aurions pas la mort en telle horreur que nous avons.
Non jam...

Screech acredita que a citação "desejo ser dissolvido", tomada de Paulo[13], apresenta, contra a ironia implícita no texto pagão de Lucrécio, a certeza cristã da vida pós-morte – a dissolução de si mesmo – e do êxtase em dissolver-se, conectando como interseção entre o apóstolo cristão e o poeta romano a presença da expressão *ser dissolvido*[14]. É importante notar que, na edição dos *Ensaios* usada e citada por Screech, há um cochilo senão de Villey, de seu tipógrafo: a ausência da indicação de que a citação de Lucrécio é um acréscimo da edição de 1588. Sendo assim, é a citação dos versos que poderia ser adicionada para ironizar os anseios cristãos de arrebatamento e não o contrário, caso haja alguma ironia na dupla citação[15]. E, no que diz respeito à citação de Paulo, agora o cochilo foi de Screech, Montaigne a conserva distinta de seu próprio texto, pois, força ainda é frisar, há um *diríamos nós*, ausente na referida página de *Montaigne et la Mélancolie*, que, ademais, está na suspeita forma condicional assim como os verbos do parágrafo anterior, completando a condicional. Mesmo na primeira camada do livro, portanto, é o poder perlocucionário do discurso filosófico em conduzir seus discípulos ao destemor da morte[16] que

---

Je veuil estre dissout, dirions-nous, et estre avec Jésus-Christ". (II, 12, p. 545A). Os dois primeiros versos latinos citados encontram-se em Lucrécio *De rerum natura*, III, v. 613-614, mas o último é um acréscimo das edições medievais e renascentistas não reconhecido atualmente.

13 "Cupio dissolvi". Montaigne também havia citado essa frase em II, 3, p. 360A: "Mais on desire aussi quelque fois la mort pour l'esperance d'un plus grand bien. Je desire, dict sainct Paul, estre dissoult pour estre avec Jesus-Christ " (Mas às vezes também se deseja a morte na esperança de um bem maior. Eu desejo, diz São Paulo, ser dissolvido para estar com Jesus Cristo, p. 45), mas, como se vê, interpretada de modo ligeiramente diverso. C. Blum declara que essa citação de Paulo era moeda comum na literatura francesa do século XVI. Cf. *La Représentation de la mort dans la littérature française de la Renaissance*, I, p. 276-277.

14 Para M. Screech, a citação de Paulo é "uma resposta radical aos sarcasmos pessimistas [?!] de Lucrécio". Cf. *Montaigne et la Mélancolie*, p. 63. Esta página é um divisor de qualidade no livro do comentador; a partir dos enganos cometidos em sua interpretação, toda sua reflexão sobre a desconfiança de nosso autor do poder cognitivo ou ético do êxtase e da melancolia o faz aproximar Montaigne excessivamente da doutrina aristotélica da melancolia e, tanto pior, da esperança cristã na imortalidade.

15 O uso das dúvidas irônicas de Lucrécio contra as teorias da natureza da alma e de sua imortalidade ocorre numa longa faixa de texto II, 12, p. 542-555 (principalmente nas camadas de adição).

16 "La force du discours de Platon" (a força do discurso de Platão) que fez vários homens não temerem a morte, logo após a passagem de Paulo. Cf. p. 545A

causa por assim dizer inveja à crença religiosa e, a partir daí, Montaigne passa a inquirir sobre as motivações contingentes e fragilmente humanas que nos levam a aderir a ela[17]. Resta saber qual é o alcance do *nós* não somente nessa frase como ainda em toda essa introdução da "Apologia".

Enquanto a interpretação de Screech realça o aspecto pio e lhe abre o espaço para invadir todo o texto, a que eu esbocei acima poderia causar a impressão de ter tornado Montaigne um ateu devoto à causa. Haveria ainda uma maneira, diga-se lá, intermediária de interpretar essa encruzilhada de ideias, qual seja, ler no *nós* não apenas uma autoinclusão efetiva e não estilística, mas também e, sobretudo, uma descrição do modo de ser dos cristãos da época. Com isso, o que há de ferinamente crítico no trecho teria por alvo uma realização histórica específica – os cristãos assassinos das guerras civis, por exemplo – e não o cristianismo em seu todo e essência. Para me desfazer da impressão de ateísmo extremista que eu possa ter causado, devo ponderar que, a despeito de qual seja o escopo, histórico ou universalizante, do pronome, o fato é que a primeira pessoa do singular está inclusa na primeira do plural[18]. Entretanto, ao

---

17 "Tout cela c'est un signe très évident que nous ne recevions notre religion qu'à notre façon et par nos mains et non autrement que comme les autres religions se reçoivent" (Tudo isso é um sinal muito evidente de que só acolhemos nossa religião à nossa maneira e por nossas mãos e não de forma diferente de como as outras religiões são acolhidas) e "Plaisante foy qui ne croit ce qu'elle croit que pour n'avoir le courage de le décroire!" (idem, ibidem, Engraçada essa fé, que crê no que crê apenas porque não tem a coragem de descrer!, p. 171). No lugar de *foy*, Montaigne escrevera *devotion*, riscou, mudou de ideia, tentando *foy*, *relligion*, riscou mais uma vez e, enfim, optou por *foy*: *Exemplar de Bordeaux*, fl. 187v. As fórmulas B e C acrescentadas a essa página e à seguinte são intensificações do ceticismo de Montaigne quanto ao caráter divino ou, pelo menos, quanto à possibilidade de reconhecimento humano do caráter divino da fé, culminando com "Nous sommes Chrestiens à mesme titre que nous sommes ou Perigordins ou Alemans", II, 12, p. 546B (Somos cristãos a mesmo título que somos perigordinos ou alemães, p. 170). Não bastassem as impropriedades de leitura até então, Screech interpreta essa passagem, desprezando todo o contexto crítico no qual ela se insere, como a afirmação de que os cristãos devem aceitar a morte sem medo, sejam católicos (perigordinos) ou luteranos (alemães)!

18 Temos reflexos dessa fé em outras partes do livro: "Tout au commencement de mes fiévres et des maladies qui m'atterrent, entier encores et voisin de la santé, je me reconcilie à Dieu par les derniers offices Chrestiens", III, 9, p. 982B (Logo no início das minhas febres e das doenças que me derrubam, ainda inteiro e próximo da saúde, reconcilio-me com Deus por meio dos derradeiros ofícios cristãos, p. 296), embora aqui possamos questionar: por que "*re*conciliar"?

contrário da hipótese levantada acima, a distinção mais importante não está entre uma realização histórica específica e a essência anistórica, porém mais precisamente entre, por um lado, qualquer realização histórica e, como tal, humana e, por outro, a fé concedida por Deus[19] – há uma "duplicidade"[20]. E é curioso como Montaigne introduz uma duplicidade algo semelhante e paralela no interior até mesmo do ateísmo: haveria um ateísmo sério e outro provindo apenas da devassidão humana[21].

A dubiedade e o jogo sutilmente irônico das palavras ainda se repetem num endereço cujo destaque nosso senso de humor ou, pelo menos, interesse deve qualificar, no mínimo, de curioso. A artilharia cética do texto, após se ter batido contra aqueles que procuram qualificar com características e prazeres humanos a bem-aventurança pós-morte, cita a tese de Paulo (sim, o mesmo santo já citado) de que nem podemos imaginar tão grandes bens eternos. Montaigne reafirma e reinterpreta o

---

19 II, 12, p. 441A: "foy vive". C. Blum constata a existência de uma tradição de uso dessa expressão no Renascimento para designar uma fé completa e provinda da graça de Deus. Cf. *La représentation de la mort dans la littérature française de la Renaissance*, I, p. 212 nota 50.
20 T. Birchal detecta uma "duplicidade entre a verdade da doutrina católica, que ele confessa aceitar, e a esfera de suas próprias crenças e opiniões" Cf. Fé, Razão e Crença na Apologia de Raymond Sebond: Somos Cristãos como Somos Perigordinos ou Alemães?, *Kriterion*, n. 111, p. 51.
21 II, 12, p. 446C: "Autre chose est un dogme serieusement digeré; autre chose, ces impressions superficielles [...] nées de la desbauche d'un esprit desmanché". ("Uma coisa é um dogma seriamente digerido; outra coisa essas impressões superficiais [...] nascidas dos excessos de um espírito desarranjado", p.172), com a diferença importante de que o ateísmo que constituísse tal "dogma seriamente digerido" é humanamente possível, como mostra a citação que fiz acima de I, 23, p. 113B (ver nota 9 supra). Quanto à praticabilidade da crença na mortalidade da alma, acrescente-se: II, 12, p. 444C, em que Montaigne cita a crítica de Antístenes e Diógenes (tomada de *Vidas e Doutrinas dos Filósofos Ilustres*, VI, 4 e 39) à pretensa necessidade segundo os órficos de crença na imortalidade da alma; e em II, 12, p. 445A, lia-se até 1588: "Et ce que dit Plato, qu'il est si peu d'hommes si fermes en l'atheisme, qu'un dangier pressant, *une extreme douleur, ou voisinage de la mort*, ne ramenent *par force* à la recognoissance de la divine puissance ". ("E isso que diz Platão – que há poucos homens tão firmes no ateísmo que um perigo iminente, *uma extrema dor, ou proximidade da morte* não conduzam *forçosamente* ao reconhecimento da potência divina", p. 171). Depois de 1588, Montaigne riscou as partes que grifei em itálico, rejeitando, presumo, a afirmação categórica da força da morte e da dor em converter um ateu. *Exemplar...*, fl. 187. Ver a respeito: F. Brahami, Athéisme, em P. Desan (dir.), *Dictionnaire de Michel Motaigne*.

dito acrescentando que esse ser imortal e inimaginável seria tão distante do que somos que não seríamos mais nós[22].

Retornando à passagem citada por Screech, o que ela nos mostra é mais que uma duplicidade ou dualidade; é antes uma dubiedade. Há uma incompatibilidade radical entre as duas passagens se remetidas aos seus respectivos contextos iniciais de enunciação, antes de qualquer coisa, pelo fato de que a dissolução é completa apenas para Lucrécio[23]. Ora, é pouco provável que Montaigne quisesse ou, pelo menos, acreditasse que fosse possível fazer um uso não irônico do texto lucreciano. A meu ver, isso reforça, embora não comprove, minha hipótese, contra a de Screech, de que Montaigne estaria adicionando posteriormente Lucrécio em afronta a Paulo – a presença do medo da morte (em linguagem augustiniana: morte primeira) em um cristão é um indício de fraqueza ou mesmo ausência de sua "fé viva". Poderia acrescentar, além do mais, que o texto de Montaigne, em todo esse bloco dentro da "Apologia", está construído como um argumento que estabelece condicionais (do tipo "se realmente tivéssemos uma 'fé viva', não teríamos medo da morte") e constata a negação da consequente (efetivamente nós, cristãos, temos medo)[24].

Para tentar concluir essa questão do assentimento do autor à doutrina cristã da imortalidade da alma, cabe dizer que ele de fato a incorpora como um dado da revelação da fé, sem

---

22 II, 12, p. 518A: "Ce ne sera plus nous" (Isso não seria mais nós mesmos). D. Bostock desenvolve uma ideia semelhante, falando sobre o *Fédon*. Cf. The Soul and Immortality in Plato's Phaedo, em E. Wagner (ed.), *Essays on Plato's Psychology*, p. 256-257.

23 Na verdade, o texto do *De rerum natura* diz: "quod si inmortalis nostra foret mens, non tam se moriens dissolvi conquereretur, sed magis ire foras vestemque relinquere, ut anguis" (porque se nossa mente fosse imortal / morrendo, não se queixaria tanto de dissolver-se / Mas [seria] como uma cobra deixando a veste e indo para fora dela). Fica mais claro assim que o paralelismo semântico, ao contrário do que propõe Screech, não se encontra entre as duas ocorrências do verbo *dissolvi*, mas entre esse verbo em Paulo e *ire foras* em Lucrécio. Montaigne tira a cláusula da condicional do período de Lucrécio, como se quisesse substituí-la por sua semelhante: "si nous les recevions de pareille authorité qu'un discours philosophique" (se nós as recebêssemos com autoridade semelhante a um discurso filosófico).

24 Parece ser, portanto, a estrutura de um *modus tollens*: "Essas grandes promessas da beatitude eterna, se as acolhêssemos com a mesma autoridade que uma opinião filosófica, não teríamos tanto horror à morte quanto temos". (Os grifos são mais uma vez meus, mas poderiam ser também do autor).

que essa crença intervenha nem possa humanamente intervir na argumentação sobre o medo e a preparação para a morte[25] e nem mesmo na composição dos modelos eminentemente pagãos de morrer virtuoso[26].

Há algumas outras referências ao ateísmo, todas constantes na "Apologia de Raymond Sebond"[27], sendo em sua maioria de avaliação negativa, entretanto, visto não tratarem especificamente do problema da mortalidade, dou-me a licença de pô-las de lado. De qualquer modo, a aceitação de uma duplicidade não elimina a possibilidade de dubiedades localizadas, como a que indiquei pouco acima, e dificilmente nos será dado saber em qual dos dois lados de uma outra duplicidade ou, mais exatamente, clivagem radical entre seu conservantismo no âmbito público e sua defesa da liberdade de pensar no âmbito privado[28], Montaigne teria inserido suas considerações a respeito do ateísmo e sobre a religião em geral[29]. E não seria esta-

---

25 "C'est la foy seule qui embrasse vivement et certainement les hauts mysteres de nostre Religion". II, 12, p. 4141A. (É tão somente a fé que abarca viva e certamente os altos mistérios de nossa Religião, p. 164) e principalmente: "[A] nous recevons le fruit de l'immortalité, lequel consiste en la jouyssance de la beatitude eternelle. [B] Confessons ingenuement que Dieu seul nous l'a dict, et la foy: car leçon n'est ce pas de nature et de nostre raison". II, 12, p. 554A ([A] Nós recebemos o fruto da imortalidade, o qual consiste no gozo da beatitude eterna. [C] Admitamos humildemente que somente Deus no-la disse e a fé: pois não é lição da natureza nem de nossa razão, p. 331C).
26 Ver a contraposição entre Sócrates e o mártir cristão em "Observações Históricas", infra, p. 75-76.
27 São elas: II, 12, p. 439A, 440A.
28 I, 23, p. 118A: "et que le sage doit au dedans retirer son ame de la presse, et la tenir en liberté et puissance de juger librement des choses; mais, quant au dehors, qu'il doit suivre entierement les façons et formes receues" (e que o sábio deve por dentro retirar sua alma da multidão, e mantê-la com liberdade e poder para julgar livremente sobre as coisas; mas, quanto ao exterior, que ele deve seguir inteiramente as maneiras e formas recebidas", p. 177). Ver P. Leschemelle, *Montaigne ou la mort paradoxe*, p. 28-29 e 65. T. Birchal escreve: "Da duplicidade à indiferença ou mesmo à hipocrisia a distância parece pequena", optando em aceitar a duplicidade. Cf. Fé, Razão e Crença..., op. cit., p. 51
29 Entre elas, afirmações do tipo: "Et plus fascheuse encore qu'on se persuade d'un tel esprit, qu'il prefere je ne sçay quelle disparité de fortune presente, aux esperances et menaces de la vie eternelle". I, 56, p. 320C (E ainda mais irritante que se convença sobre um tal espírito que ele prefere não sei qual disparidade de acaso presente às esperanças e ameaças da vida eterna, p. 477), ou ainda: "Cette seule fin d'une autre vie heureusement immortelle, merite loyalement que nous abandonnons les commoditez et douceurs de cette vie nostre", I, 39, p. 245C (Essa única finalidade de uma outra vida venturosamente imortal merece lealmente que nós abandonemos as comodidades e doçuras dessa nossa vida, p. 365).

pafúrdia a hipótese de que Montaigne, em alguma medida, até mesmo esteja prenunciando, mais do que a defesa da crença na imortalidade da alma como aposta ou postulado da razão prática, a necessidade de sua defesa para a manutenção da saúde do convívio social, como em Voltaire[30].

Ainda que sincera, a crença na sobrevivência pós-morte talvez não lhe seja absolutamente necessária, isto é, quiçá não lhe seja de nenhum préstimo; pois a estrada entre o humano e a divindade é, para nosso filósofo, de mão única e depende exclusivamente da ação de Deus e dos desígnios divinos. Além disso, os critérios de atribuição de prêmios e castigos são imperscrutáveis[31]. E a escavação desse abismo não se deve tão somente ao argumento que se poderia associar de modo mais ou menos direto à linhagem da teologia negativa de que os poderes de Deus são ilimitados, mas também à constatação de cunho cognitivo e antropológico da debilidade humana de acesso ao Outro Lado[32] – mais uma vez, a duplicidade. Com isso, temos não uma, porém várias duplicidades e dualidades quanto à questão[33].

A contragosto, mas por força dos argumentos, talvez tenha me alongado excessivamente nessa introdução e, dentro dela, nesse tema; mas o fiz precisamente por não pretender retornar a ela. Passo agora a breves considerações conceituais e metodológicas sem as quais a presente introdução não mereceria tal nome.

---

30 Ilustração disso em Montaigne, II, 12, p. 439A: "car le vulgaire *(et tout le monde est quasi de ce genre)*, n'ayant pas *dequoy faculté de* juger des choses par elles mesmes *et par la raison* [...] il jette tantost apres aisément en pareille incertitude toutes les autres pieces de sa creance" (pois o vulgo (*e todo o mundo é mais ou menos desse gênero*) não tendo a *faculdade de* julgar as coisas por si mesmas *e pela razão* [...] facilmente lança logo à incerteza semelhante todas as outras partes de sua crença, p. 162). As partes em itálico foram riscadas depois de 1588 e dentre elas, a segunda substituída pelo trecho em negrito, *Exemplar de Bourdeaux*, fls.184-184v. Cf. Voltaire, "Enfer", *Dictionnaire philosophique*, p. 526.
31 I, 32, p. 216-217C. O auxílio do Criador depende de seu próprio critério de justiça (I, 56, p. 318).
32 Mas é exagero dizer, com S. Giocanti que Montaigne não aposta, como Pascal, na imortalidade, por delegar tal decisão ao acaso. Cf. *Penser l'irrésolution: Montaigne, Pascal, La Mothe Le Vayer*, p. 488-489.
33 Ao intitular as subseções de seu artigo com os diferentes pares opostos da fé, Birchal acaba por mostrar, parece-me, que há não uma, mas várias duplicidades em Montaigne a respeito do tema. Cf. Fé, Razão e Crença..., op. cit.

Cabe distinguir quatro acepções básicas do termo "morte", embora, ou antes, em razão de o próprio Montaigne não o ter feito e vagar ebriamente ou, para usar um termo equivalente e mais técnico, polissemicamente entre elas. A divisão entre os três primeiros sentidos tem por critério, antes de tudo, a cobertura temporal a que o termo se refere. Assim, o primeiro sentido é o estado de ausência da vida tal como a conhecemos[34]; o segundo, o ponto infinitamente pequeno de cessação da vida, ou seja, de passagem da vida para a morte no primeiro sentido[35]; o terceiro engloba o momento ou momentos finais de vida, designando o processo de morrer[36] – sendo acepção a mais usada por Montaigne. O quarto sentido de *morte*, também muito empregado nos *Ensaios*, é o de perda da força vital; se quisermos, a partir dessa compreensão, incluí-lo no recorte temporal, podemos dizer que se trata da morte que, desde o nascimento[37], está distribuída em gotas ao longo da vida, como uma escada ou rampa descendente.

O fato de que condições técnicas ou sociais da época de Montaigne pudessem ocasionar diferentes modos de ver a morte e o morrer definitivamente não implica por si que o sentido dos termos é algo radicalmente diferente do sentido atual[38]. Tampouco que possamos falar em sentido humano e divino para qualquer uma dessas acepções na economia da reflexão montaigniana a respeito[39]. Arrisco-me a dizer que essa distinção temporal entre sentidos é exaustiva e qualquer doutrina ou postura sobre a morte, a despeito de sua localização e condicionamento históricos, fatalmente tomará em consideração um ou mais de um desses quatro sentidos temporais e nenhum outro além deles. O conceito da ontologia existencial de Heidegger – morte como possibilidade da impossibilidade – tido como originário seria um desenvolvimento do primeiro sentido acima. De qualquer modo, é disparate aproximar Montaigne e

---

34 Temos exemplo desse sentido em III, 12, p. 1053C.
35 I, 14, p. 56A, por exemplo.
36 Entre tantas ocorrências a serem citadas à frente, um exemplo: I, 20, p. 96A.
37 III, 13, p. 1097-1101B e C.
38 Parece-me, assim, exagero dizer que o sentido de morte para Montaigne era diferente do nosso, como faz J. Brody, *Lectures de Montaigne*, p. 102.
39 C. Blum mostra-se simpático a esse engano. Cf. Mort, em P. Desan(dir.), op. cit., II, p. 684, passim.

Heidegger a ponto de dizer que Montaigne não se interessa pela morte em si, mas apenas por sua possibilidade[40], sabendo-se que o filósofo renascentista usa a constatação do fato da morte como argumento contra o medo.

A flutuação de Montaigne entre os diferentes significados no emprego de um mesmo termo é notória até mesmo ao leitor menos atento. Torna-se um problema maior de que modo essa oscilação influi nos (ou é influenciada pelos) argumentos e posições de Montaigne ao longo dos três livros dos *Ensaios*. Alguns comentadores falharam em privilegiar só um desses sentidos, quando não acabaram por embaralhá-los uns com os outros[41]. Procurarei, sempre que necessário, usar palavras e expressões que, por mais claras, não misturarão um sentido com outro.

O recorte proposto por esse trabalho estabelece como centro de atenção as maneiras de antecipação e de aproximação efetiva e voluntária da morte visando à eliminação do temor da morte e, por conseguinte, um conjunto de problemas auxiliares diretamente correlatos. Mesmo o estudo das figuras da morte no livro deve ser remetido em última análise à escolha de uma atitude diante dela. Não se trata, portanto, de um debate exaustivo sobre as figuras e o conceito de morte em Montaigne, em todas suas faces e aplicações, que, para tanto, deveria incluir, por exemplo, o problema da morte de outrem, como tematizada na reflexão sobre a crueldade, a tortura, a pena de morte, a guerra e assim por diante. Mesmo a atitude alheia perante a morte só será examinada na medida em que possa servir de modelo para uma atitude em primeira pessoa. Também cuido não pisar em terrenos mais arenosos e inseguros que aquele em que me comprometo a estar e considero preferível, tanto quanto possível, não subir da especificidade de meu tema para assuntos mais gerais e, por conseguinte, mais controversos.

Antes de encerrar esse primeiro compartimento, ofereço em sobrevoo o reparte dos capítulos deste livro. No primeiro

---

40 Como faz J.-L. Marion, Qui suis-je pour ne pas dire *ego sum, ego existo*, em V. Caraud; J.-L. Marion (eds.), *Montaigne: scepticisme, métaphysique, théologie*, p. 234-235.

41 Por exemplo, M. Conche diz que morte, para Montaigne, é o não ser, para em seguida dizer que morte é a passagem, a não fixidez. Cf. Le Temps, la mort, l'ignorance; Le Pari tragique, *Montaigne et la philosophie*, p. 45-46.

deles, apresento um estudo sobre o estatuto da imaginação nos *Ensaios*, encerrando-o com questionamentos sobre sua aplicabilidade ao problema da morte; na sequência, procuro mostrar, no segundo capítulo, a argumentação e caracterização da primeira estratégia de Montaigne de relação com a imaginação da morte tendo vistas à dissipação do temor, estratégia que constitui uma versão própria da preparação para a morte; o terceiro capítulo se ocupa em apresentar, tanto em seu arsenal crítico quanto em seu desenvolvimento positivo, uma atitude – a predisposição natural – oposta àquela debatida no capítulo anterior, ou seja, uma aversão à sua própria versão do preparar-se para a morte; o quarto discute sob três óticas metodológicas a transição entre as duas atitudes adrede expostas; o quinto capítulo realiza um passeio por textos e ideias sobre a morte da Antiguidade e da Renascença que poderiam revelar conexões ou meras afinidades com o texto de Montaigne; o sexto retoma de maneira mais explícita e sistemática as questões relativas ao tempo que permearam as reflexões sobre a morte; a conclusão debate, a partir de certos endereços dos *Ensaios*, se a argumentação comum aos dois meios estudados – simulação e predisposição – consegue a contento alcançar o pretendido estado de pleno desassombro diante da morte e do morrer.

1. A Imaginação

O uso que Montaigne faz do termo *imaginação* e de seus sinônimos é sem dúvida mais dilatado que aquele que a filosofia atualmente lhe atribui, pois inclui a capacidade de conjecturar proposições com valor de verdade e de arquitetar estratégias de ação, não se restringindo, pois, à produção de imagens mentais. Além dessa pluralidade de sentidos, a imaginação recebe avaliações variáveis ao longo dos *Ensaios*. Todavia, creio poder privilegiar dois tipos delas, tomando por critério sua utilidade.

O primeiro tipo consiste na constatação de um poder efetivador, mais exatamente, da capacidade dessa faculdade da alma de produzir efeitos no corpo e nas ações. Nos *Ensaios*, há muitos relatos em que há uma explícita valorização desse poder efetivador[1]. Conquanto seja digna de admirar, essa constatação, todavia, não necessariamente é reputada como inteiramente positiva, uma vez que a imaginação faz-nos sentir e padecer, sem causa física real, dos mesmos males que notamos em outras pessoas ou daqueles que ainda estão por acontecer[2]. E isso

---

1 Como exemplo, citem-se os ardis afrodisíacos de Montaigne. Cf. I, 21, p. 100-101A e C.
2 Exemplos disso se encontram, principalmente, no capítulo I, 21, "De La force de l'imagination". Há, inclusive, casos curiosos de antecipação da morte por

não ocorre unicamente quando se trata da imaginação, por assim dizer, pura, mas também quando revestida por afecções produz efeitos reais[3].

No que tange ao segundo tipo, Montaigne procura caracterizar a imaginação como referência ao futuro – que é trabalhada e exemplificada mais insistentemente – ou, de modo mais geral, como um desvio das nossas ações presentes tanto para o futuro quanto para o passado. Esse estatuto da imaginação entendida como uma errância mental é um tema de suma importância, por exemplo, no que concerne à pintura de si e está espalhado por todo o livro[4]; contudo, o terceiro capítulo do primeiro livro merece especial atenção por apresentar as diversas facetas da reflexão de Montaigne a respeito. Embora o tema do ensaio focalize as afecções, no sentido amplo de sentimentos ou sensações que nos afetam, sua relevância para a questão do imaginar não pode ser contestada, visto que estas sempre trazem em si um conteúdo imaginativo[5]. Há dois questionamentos que o per-

---

imaginação ou, mais precisamente, de morte por antecipação imaginativa em I, 21, p. 98-99A: "Et celuy qu'on debandoit pour luy lire sa grace, se trouva roide mort sur l'eschafaut du seul coup de son imagination" (E um a quem retiravam a venda para ler-lhe seu indulto achou-se totalmente morto no patíbulo apenas pelo golpe de sua imaginação, p. 145). Cf. também: I, 18, p. 75A.

3 Há ainda exemplos de morte antecipada pela força de afecções no I, 2. F. Garavini analisa a luta contra a "morte muda" em Le Fantasme de la mort muette (à propos de I, 2 "De la tristesse"), em C. Blum (org.), *Montaigne et les Essais 1588-1988*, p. 138.

4 Para me restringir somente às ocorrências em que o termo *imagination* dá as caras, leiam-se: I, 8, p. 32A: "ils [os espíritos] se jettent desreiglez, par-cy par là, dans le vague champ des imaginations" (Eles se lançam desregrados para cá e para lá, no vago campo das imaginações, p. 44); a imaginação recebe adjetivos de desqualificação em: I, 14, p. 65B (duas vezes); II, 6, p. 372A: "Plusieurs choses nous semblent plus grandes par imagination que par effect" (Muitas coisas parecem-nos maiores na imaginação do que na realidade, p. 61); II, 12, p. 452A, 460A, 485A, 491A.

5 Não se trata apenas de entender a *fantasia* como *potência afetiva*, como diz F. Brahami, mas entender que as afecções têm conteúdo imaginativo. Cf. S. Giocanti, *Penser l'irrésolution: Montaigne, Pascal, La Mothe Le Vayer*, p. 169. É como se Montaigne estivesse descobrindo a intencionalidade da consciência, como dirá mais tarde Husserl, ou o caráter extático do tempo, na terminologia de M. Heidegger. Essa constatação de sabor fenomenológico se manifesta em I, 3, p. 15C, "cette imagination fausse" (esta falsa imaginação); e B, "La crainte, le desir, l'esperance nous eslancent vers l'advenir, et nous desrobent le sentiment et la consideration de ce qui est, pour amuser à ce qui sera" (O temor, o desejo, a esperança lançam-nos em direção ao futuro e roubam-nos o sentimento e a consideração do que é, para nos entreter com o será, p. 20); e ainda I, 21, p. 98A: "Nous tressuons, nous tremblons, nous pallissons et rougissons aux secousses

vadem: o primeiro e mais geral diz respeito ao possível caráter inerente nas afecções do desvio e o segundo, a um referencial futuro específico delas: nossa condição depois da morte. Montaigne já está discutindo nesse ponto o problema da imaginação da morte, todavia trata-se, bem entendido, do que está além do ponto infinitesimal de que falei acima. É provável que essa duplicidade temática tenha sido intencionalmente expressa com o título – "Nossas afecções remetem-se para além de nós"[6] – o *além* pode ter como referência a ultrapassagem da linha móvel do tempo presente ou da nossa existência em seu todo, a situação do mundo após nossa morte. Vejamos como os referidos estatutos se oferecem como respostas a essas duas questões.

O referido capítulo, talvez mais nitidamente do que muitos outros, apresenta-se estratificado em relação às duas questões. Na camada de textos publicados até 1580, Montaigne cita vários casos da preocupação que concerne ao estado de conservação do (e de respeito por) nosso corpo após a morte. Sua única opinião a respeito de tais casos é dizer que eles pareceriam estranhos, se não fossem há tanto tempo corriqueiros[7], não havendo por parte do autor nenhuma inferência sobre o problema mais geral das afecções.

A segunda camada, com os acréscimos de 1588, apresenta mais casos da estranha preocupação com o estado de coisas após a morte, mas é acrescentada uma introdução ao ensaio que fala da referencialidade futura das afecções de modo geral – nossa natureza nos conduz a pensar sempre no futuro – e critica os filósofos que censuram qualquer tipo de preocupação com ele e preconizam viver inteiramente no presente. Nossa alma desvia-se da linha temporal do presente móvel em que nosso corpo está preso e corre à deriva criando futuros eventuais[8]. "Medo,

de nos imaginations" (Suamos abundantemente, trememos, empalidecemos e enrubescemos com os assaltos de nossas imaginações, p. 145). Cabe notar que esse uso amplo e geral do termo *affection* se restringe quase unicamente ao citado capítulo (Cf. também: III, 10, p. 1003B), uma vez que o sentido mais frequente do termo e seus cognatos relaciona-se a afeto e afeição. Ver a comparação com Pascal em F. Brahami, *Le Travail du scepticisme*, p. 55, nota.

6 "Nos affections s'emportent au delà de nous" (Nossas afecções remetem-se para além de nós).
7 I, 3, p. 17-18A.
8 "Nous ne sommes jamais chez nous, nous sommes tousjours au delà". I, 3, p. 15B (Nunca estamos em nós, estamos sempre além, p. 20).

desejo e esperança"[9] são manifestações naturais dessa visada que nos projeta além do ambiente temporal e espacial em que nos encontramos.

O estrato final apresenta a admissão de que é próprio da índole humana criar imagens e ideias além das necessárias a ponto de nos desviar de um justo caminho que a natureza nos traçou, mas Montaigne censura o excesso de preocupação com o futuro[10]. A desregulação da atividade da imaginação é um dos poucos e reais traços distintivos do ser humano em relação aos outros animais e é a origem do engano e da confusão mental[11]. De maneira ainda mais clara, pode ser detectada essa concessão de Montaigne ao poder da imaginação no capítulo cujo título a ela é consagrado[12].

Há de se notar que o preceito de autoconhecimento é citado, nesse contexto[13], justamente como condição necessária para uma

---

9   I, 3, p. 15B

10 O acréscimo da citação de Sêneca, I, 3, p. 15C, "Calamitosus est animus futuri anxius" (*Epistulae*, XCVIII, 6), parece fornecer um exemplo desse tipo de censura. Mais à frente, p. 16C, também Epicuro serve de exemplo daquele que desestimula a preocupação com o futuro. A respeito da retenção ao mais próximo, Cf. A. Thibaudet, *Montaigne*, p. 189-192. É importante frisar que aquilo que leva Montaigne a descreditar alguma aplicação da faculdade de imaginar é a necessidade ética ou existencial de vivência do presente ou, para sermos mais exatos, do futuro alcançável e mais próximo, e não a necessidade cognitiva de objetividade, isto é, de estar colado aos fatos, como diz L. C. Lima, *Limites da Voz: Montaigne, Schlegle, Kafka*, p. 69.

11 A imputação dessa disfunção por excesso do imaginar ao gênero humano como um todo é afirmada agudamente em II, 12, p. 460C, e I, 4, tendo sido antes verificada por introspecção em I, 8, p. 33A. A estratificação temática do I, 3 pode ser tomada como indício de que Montaigne não parte da antropologia cristã da queda e da imperfeição para chegar à noção da precariedade da imaginação, ao contrário do que preconiza C. Blum, *La Représentation de la mort dans la littérature française de la Renaissance*, II, p. 649.

12 Até 1588, lia-se em I, 21, p. 100: "A qui a assez de loisir pour se ravoir et remettre de ce trouble, mon cõseil est qu'il diversifie ailleurs son pensement, s'il peut, car il est difficile et qu'il se desrobe de cette ardeur et cõtention de son imagination" (Para quem tem tempo para se refazer e se distanciar dessa perturbação [do impacto da imaginação], meu conselho é que ele verse seu pensamento alhures, se ele pode, pois é difícil que ele se furte a esse ardor e coação de sua imaginação, p. 148). No *Exemplar de Bordeaux*, fl. 35v, nota-se que, a princípio, procura-se colocar *desrober* no lugar de *et remettre* e *mais* no lugar de *car*; mas o autor não só risca as partes que destaquei, como ainda esses dois pequenos reparos e, em fracasso ou triunfo, confessa, com um sucinto acréscimo: "on n'a pas moyen de se ravoir de ce trouble" (não se pode refazer [quem sabe: resguardar] dessa perturbação).

13 I, 3, p. 15C.

justa restrição de nossas ações e pensamentos ao útil e próximo, evitando preocupações supérfluas, dentre as quais as longinquamente futuras. O supérfluo da imaginação pode se tornar prejudicial à ação e à vida cotidiana, ao causar estarrecimento e inércia, por exemplo. É sabedoria contentarmo-nos com o que está a nosso alcance e quanto mais distante no espaço e no tempo o objeto de nossos medos, desejos e esperanças, maior loucura é atermo-nos a eles[14]. O ideal de sabedoria, assim, por vezes, deve ir contra a tendência à dispersão no plural inútil.

Montaigne ri dos excessos de pompa nas exéquias[15]. Igualmente desprezadas são as preocupações quanto à reputação pós-morte[16]. Se nossa felicidade dependesse de nosso nome público, jamais poderíamos autoclassificar-nos de felizes, posto que nossa reputação pode mudar completamente após a morte. Ora, Montaigne nega qualquer comunicação entre os que vão e os que ficam[17].

Montaigne, portanto, é reconhecidamente um crítico mordaz da veleidade amarrada ao inútil ou, mais exatamente, ao fútil. E a imaginação que o toma por objeto está sob a mira de sua crítica à faculdade dispersiva e nociva de que falei acima. Vários ensaios e exemplos atacam as preocupações supérfluas que cercam a morte. Seu descrédito pela imaginação da vida pós-morte o faz centrar suas preocupações sobre o morrer e, às vezes, sobre a morte como ponto infinitesimal.

Nesse ponto, cada um de nós há de se perguntar: mas o que é a própria morte? Ou melhor: como é a morte? Como é a experiência de morrer?

---

14 Com as observações e documentação acima, julgo haver demonstrado cabalmente que é um patente equívoco dizer como S. Giocanti: "Montaigne mostra bem que a irresolução resulta da prevalência do presente sobre o futuro". A problemática da irresolução imaginativa não se reduz à impossibilidade de visualização do todo (futuro e passado) da vida; impossibilidade que Giocanti deriva de argumentos do ceticismo antigo, embora essa possa ser uma aplicação da questão do imaginar. Cf. *Penser l'irrésolution...*, p. 169. Igualmente impreciso é concordar com a afirmação de A. Thibaudet de que o futuro é completamente indiferente a Montaigne. Cf. *Montaigne*, p. 191 e s.

15 I, 3, p. 16-17C.

16 A ansiedade sobre a vida pós-morte é uma característica específica do ser humano que o coloca em desvantagem em relação aos animais: II, 12, p. 486A.

17 I, 3, p. 16C: "Estant hors de l'estre, nous n'avons aucune communication avec ce qui est" (Estando fora do ser, não temos nenhuma comunicação com o que existe, p. 22).

Ora, nunca morri antes, ou se tiver morrido e reencarnado, não me recordo de como foi. Desconheço não apenas se há vida pós-morte, como ainda o sabor, as sensações do ponto infinitesimal de saída deste mundo; e igualmente ignoro as circunstâncias do processo de morrer: quando?, como?, onde? Eis aí minha ignorância fundamental. Viver, assim como morrer, só nos acontece uma vez[18]. Nosso primeiro esboço de viver já é a arte final; não nos é dado experimentar um modo de vida e voltar no tempo.

A constatação de nossa ignorância fundamental é aduzida por Montaigne como argumento para não temer a morte: não se pode e não se deve temer algo que não se conhece[19], mesmo que não haja nada lá[20].

Devido à ignorância fundamental, antecipo a morte por conjecturas, pela imaginação, alimentada ainda que incompletamente por experiências cruciais, tais como a morte alheia, o sofrimento, a doença, o risco e a velhice. As experiências cruciais são aproximações da morte não apenas mentais e, por isso, aguçam nossa imaginação a respeito do processo de morrer e do próprio acontecimento de morrer.

Friamente, pode-se dizer que a própria morte é inferida a partir das mortes alheias por indução e que, como toda indução, é desprovida de fundamento lógico objetivo. Sem embargo, nossa percepção e vivência da morte dos outros, precipuamente de pessoas próximas, definitivamente, não é tão-somente uma coleção de dados empíricos. E some-se a isso o fato de que não nos bastaria a cada um de nós a conclusão "hei de morrer" – ainda que seja logicamente válida –, pois a percepção da possibilidade de morrer parece ter uma carga afetiva mais forte, o que significa que ela nos atinge como uma afecção.

Experimentar a morte alheia, violenta ou calma, súbita ou agônica, relatada ou presenciada, foi por demais influente na

---

[18] I, 20, p. 92C e II, 6, p. 371A: "nous y sommes tous apprentifs quand nous y venons" (somos todos aprendizes quando a ela chegamos, p. 59).
[19] III, 12, p. 1053B.
[20] III, 12, p. 1053C: "Si c'est un aneantissement de nostre estre, c'est encore amendement d'entrer en une longue et paisible nuit" (Se é um aniquilamento de nosso ser, ainda é um melhoramento entrar em uma longa e calma noite, p. 404). Este mesmo argumento para o destemor através da ignorância encontra-se na boca do Sócrates da *Apologia*, ver Platão, *Defesa de Sócrates*, 29A e 40C-D.

escrita dos *Ensaios*. Citem-se a matança nas guerras religiosas, os relatos de morte violenta e da tortura nos tribunais da Inquisição, a epidemia da peste, o falecimento de seu pai, de suas filhas e, sobretudo, o de seu amigo Etienne de la Boétie. Baseado na perda do amigo que era quase parte de si próprio, Montaigne passou a refletir sobre a perda de si mesmo, sobre a morte em primeira pessoa. O texto póstumo que ele lhe dedica traz embrionárias e atribuídas a La Boétie, em seu leito de morte, muitas das ideias e atitudes pregadas pelo próprio Montaigne no que seria, segundo muitos intérpretes, uma primeira fase dos *Ensaios*[21].

O passo, ou melhor, o salto da morte alheia para a imaginação da própria morte assenta-se sobre um forte sentimento de perda e compaixão. A admitida capacidade de Montaigne em sofrer por imaginação diante do sofrimento alheio é um traço marcante de seu caráter que se reflete e se manifesta na sua implacável condenação da crueldade e da tortura[22] e também aqui, para a imaginação da própria morte, essa sensibilidade vem atuar.

Montaigne adota ao longo de sua vida e ao decorrer do texto dos *Ensaios* atitudes e ideias sobre a própria morte em alguns aspectos radicalmente diferentes, mas uma tese comum perpassa os três livros: não devemos temer a morte, pois ela não é um mal em si, mas antes nosso medo dela[23]. Esse fito maior de dissipação do medo de morrer não se insere, note-se, dentro de um propósito de extirpar toda e qualquer afecção[24], mas

---

21 M. Montaigne, Hommage à La Boétie, *Oeuvres complètes*. Sobre a relação desse texto com os *Ensaios*, cf. P. Villey, *Les Sources et l'evolution des Essais de Montaigne*, tomo I, p. 24ss; H. Friedrich, *Montaigne*, p. 24 e 326; M. Butor, *Essais sur les Essais*, p. 54-55 e, sobretudo, G. Pérouse, *La Lettre sur la mort de La Boétie et la première conception des Essais*, em C. Blum (org.), *Montaigne et les Essais 1580-1980I*.

22 Por exemplo, II, 11, p. 430A e C e II, 27, p. 700C. Ele se compadece até mesmo da morte dos animais: II, 1, p. 432A. Usei "compaixão" no sentido mais próximo do originário: sofrer junto com os outros ou pelos outros.

23 Os casos de destemor à morte no capítulo I, 14, por exemplo, não são exemplos a serem computados, em contraposição aos de temor, para chegar à equipolência do valor da morte e à confirmação de uma interpretação pirrônica da tese-título, mas sim modelos de comportamento a serem seguidos ou não. Cf. F. Brahami, op. cit., p. 69.

24 É o que infelizmente afirma G. Baruchello, Montaigne and Nietzsche: Ancient and Future Wisdom, *Symposium*, v. 6, n. 1, p. 81.

apenas aquela que gera efeitos negativos em nossa relação com o tempo e com nós mesmos.

Numa primeira aproximação, posso entrever que aquelas atitudes não são apenas uma consolação, no sentido clássico do termo[25], porquanto elas têm também e, sobretudo, um intento preventivo contra esse medo, porquanto a persuasão consolatória é de natureza reativa, curativa.

Até aqui, procurei esboçar o contorno geral dentro de onde as diferentes posturas montaignianas se delineiam. Se, como mostrei, Montaigne não dá importância ao estado do mundo e de nosso corpo depois da morte, muito menos à vida pós-tumular; a imaginação da morte, mais exatamente, do morrer, está concentrada no segundo (ponto de passagem) e, principalmente, no terceiro (o momento de morrer) sentido que distingui, sendo o quarto (perda da força vital) apreendido, mormente, como um indício, signo ou lembrete da morte nos dois primeiros sentidos mencionados.

Podemos agrupar suas razões para a recomendação de destemor em dois grandes polos opostos, embora alguns argumentos sejam ou possam ser usados indistintamente em ambos. Chamarei o primeiro polo de simulação e o segundo de predisposição.

Não obstante a riqueza quantitativa e qualitativa dos estudos sobre as representações de modo geral em Montaigne (do eu, dos índios e do outrem, por exemplo), creio não serem eles aqui de préstimo maior, uma vez que a representação da morte guarda uma especificidade central – é prospectiva e não retrospectiva e muito menos presencial. Há, conceda-se, aspectos correlatos em que as outras formas e objetos de representação, cuja problemática possui sua própria companhia de dores de cabeça, são auxiliares, seja exemplo a representação da morte alheia (do sábio, dos animais e do vulgo). Não sendo, pois, a morte uma realidade já dada, os labirintos sobre o acesso cognitivo a ela são próprios e tornam-se talvez mais intricados.

---

[25] D. Heitsch, ao contrário, crê que todas aquelas estratégias de Montaigne são consolatórias. Cf. Approaching Death by Writing, *Literature and Medicine*, p. 102.

2. A Simulação

O ÚLTIMO DIA

A admiração de Montaigne pelo dito de Sólon de que não se pode afirmar que um homem é feliz a não ser depois de passado seu último dia vem de sua suspeita contra a presunção de autoatribuição de plenitude da alma, em outras palavras, contra a pretensa certeza de posse da plena felicidade, através da afirmação dos dotes do acaso, da constante presença da possibilidade de reviravolta no estado das coisas contra nossos desejos, crenças e esperanças, o que pode ocorrer, no limite, até o último dia de vida[1]. "Último dia" não designa propriamente o período de vinte e quatro horas, mas sim o período de tempo em que se tem a lúcida percepção da iminência da morte.

Montaigne recorre a exemplos da mudança completa e imprevista da felicidade para a infelicidade e vice-versa. Eis aí uma imagem geral da vida possível, em que o passado é irreversível

---

1 É disparatada a hipótese de A. Comparot de que o título do I, 19, "Que Não se Deve Julgar Sobre Nossa Felicidade a Não Ser Depois da Morte", seja um intencional desenvolvimento da frase do *Eclesiastes*: "Antes da morte, não louve ninguém", pois o próprio Montaigne se refere a Sólon. Cf. A. Comparot, *Amour et Vérité: Sebon, Vivès et Michel de Montaigne*, p. 94.

e o futuro, incerto. A dúvida quanto à felicidade no futuro leva Montaigne a um tratamento especial do último dia, que é visto primeiramente como momento por excelência da verdade – não cabem máscaras, como a da impassibilidade e resignação, na hora capital[2] – e depois como coroamento do conjunto da existência – o dia vizinho à morte põe à prova todos os outros[3], ou seja, seu comportamento perante a morte julga o seu comportamento no restante da vida. Bem entendido: a resolução significa domínio ou supressão das afecções negativas e excessivas no momento do morrer[4].

Esse momento do morrer, força é salientar, exerce um incomensurável fascínio sobre Montaigne, por ser a melhor oportunidade de efetivação do ideal do sábio, impassível diante da dor e resignado quanto a seu destino implacável; mas não se pode dizer que o último dia reluza aos olhos de Montaigne como um momento estético completamente inerte e apartado do restante da vida, pois, preparar-se para o último dia é consequentemente preparar-se para toda a vida[5]. Se alguém for capaz de demonstrar e ter essas qualidades ao defrontar-se com a morte, então, poder-se-á concluir, também as terá tido ao longo da vida. Dessa forma, o confronto com a morte seria um teste infalível da resolução de uma pessoa.

A pintura da atitude virtuosa do La Boétie moribundo realizada por Montaigne em sua carta ao pai forneceu uma ilustração desse ideal, um modelo que nosso autor pretendeu seguir[6]. Aí está contido o elogio da segurança, do destemor[7], da

---

2   I, 19, p.79A. Lucrécio fala que, nos momentos de perigo, a máscara é retirada: "eripitur persona, manet res", citado por Montaigne, I, 19, p. 80A. Cf. III, v. 55-58.
3   I, 19, p. 80A. Há alguma semelhança com o que diz Sêneca. Cf. *Epistulae morales ad Lucillium*, XXVI, 4-5.
4   I, 20, p. 91A.
5   "Assim como o homem forte que nunca viaja sem pílulas, o ensaísta quer preparar-se para o pior". Cf. C. Brush, *Montaigne and Bayle: Variations on the Theme of Skepticism*, p. 53. Segundo, M. Conche, a "hypothèse du pire" propicia a aceitação do ruim. Cf. Le Temps, la mort, l'ignorance; Le Pari tragique, *Montaigne et la philosophie*.
6   "et que cela me servirait d'exemple pour jouer ce même rôle à mon tour" (E que isso me sirva de exemplo para desempenhar o mesmo papel na minha vez). Cf. Hommage à La Boétie, *Oeuvres complètes*, p. 547.
7   Em expressões como: "telle force de parole", "telle assurance de visage". Idem, p. 548.

simplicidade[8], da aceitação da morte[9], da necessidade de exercício da filosofia[10], da preparação para o último dia[11]. Elogiáveis a clareza e a precisão com que Pérouse detecta na carta e nos *Ensaios* a presença da preparação para a morte, depois de ter resumido a linha mestra do que seria, a seu ver, uma primeira fase dos *Ensaios* nos seguintes tópicos: primeiro, a constatação do medo e da inconstância humana; segundo, a tentativa de redução da inconstância ou de suas consequências perniciosas por princípios morais exibidos em indivíduos de exceção; terceiro, a verificação do bom êxito desses princípios e desses indivíduos só pode ocorrer passado o instante final[12]. Em que pesem as constatações de Desan[13] mostrando o quão verborrágico e delirante é o verdadeiro La Boétie nas entrelinhas da carta, não há como negar, pelas passagens ressaltadas nas notas ao presente parágrafo, que o próprio Montaigne valoriza traços indubitáveis de constância e resolução na agonia do amigo.

Friedrich[14] acredita que a imagem cristã predomina no relato, apesar de haver traços gerais dos antigos. De fato, pode-se notar bem o quanto a esperança na vida pós-morte é relevante na resolução de La Boétie[15]. É curioso observar que esse texto, mesmo que seu autor não o tenha pretendido e tampouco seu protagonista, atualiza os papéis na encenação da morte de

---

8 Cito as palavras de La Boétie no texto de Montaigne: "il est vraisemblable que j'ai vécu jusques à cette heure avec plus de simplicité et moins de malice" (é verdade que até vivi até agora com mais simplicidade e menos malícia). Idem, ibidem.
9 "Mais n'est-ce pas assez vescu jusques à l'aage auquel je suis?" (idem).
10 "nous ne les portions pas seulement en la bouche, mais engravez bien avant au coeur et en l'âme" (não os trazíamos [os discursos] apenas de boca, mas bem antes encravados no coração e na alma), idem.
11 La Boétie: "il y a longtemps que j'y estois préparé, et que j'en sçavois ma leçon tout par coeur" (já faz tempo que estou preparado para ele [o último dia], e que decorei minha lição a respeito), idem.
12 Cf. G. Pérouse, *La Lettre sur la mort de la Boétie et la première conception des Essais*, em C. Blum (org.), *Montaigne et les Essais 1580-1980*, p. 69 e 71. Ver também: J.-M. Compain, *L'Imitation socratique dans les Essais*, em C. Blum (org.), op. cit., p. 162; J. Starobinski, *Montaigne en mouvement*, p. 929.
13 P. Desan, "Ahaner pour partir" ou les dernières paroles de La Boétie selon Montaigne, em M. Telel (org.), *Etienne de La Boétie: sage révolutionnaire et poète périgourdin*, p. 412.
14 *Montaigne*, p. 24.
15 Cf. Montaigne, *Hommage à La Boétie*, op. cit., p. 548: "je suis certain, je m'en vais trouver Dieu et le séjour des bienheureux [...] Comment, mon frère, [...] me voulez-vous faire peur?" (estou certo, vou-me embora encontrar Deus e o repouso dos bem-aventurados [...] Como, meu amigo, queres me fazer medo?).

Sócrates, tal como exposta no *Fédon*: Montaigne faz as vezes de Fédon (ou Platão), ao procurar preservar a memória e a imagem daquele que parte; seu pai, de Equécrates, receptor da mensagem; por fim, na figura de La Boétie reside a instanciação de uma nobreza de espírito como a de Sócrates. É instigante e muito provável a tese de Pérouse de que o La Boétie da carta é um personagem (tanto mais ao ser publicada como prefácio) e de que há algo de controlado e medido no relato de Montaigne que faz com que a morte do amigo tenha o mesmo estatuto da morte literariamente relatada de Sócrates e Catão[16]. Ainda que haja algum conteúdo real, que fatalmente nos escapa, a carta sobre La Boétie denuncia, segundo Pérouse, uma artificialidade de composição, uma construção menos espontânea do que alguns poderiam a princípio pensar.

Vários extratos da primeira versão dos *Ensaios* – quando não sua integralidade – foram interpretados por alguns críticos com alta dose de correção, como se estivessem satisfazendo o febril, algo delirante e enigmático pedido de La Boétie: "Meu irmão, meu irmão, como queres me recusar um lugar?"[17]. No entanto, os *Ensaios* não seriam meramente a perpetuação do lugar de La Boétie, mas, precipuamente, a sua substituição por Montaigne e, ulteriormente, a criação de um lugar próprio.

Feita essa caracterização do sentido e valor do último dia, passo à análise dos meios aventados por Montaigne para alcançar o ideal proposto.

O ASCETISMO

O primeiro método de alcance da resolução que eu gostaria de analisar é uma espécie ascetismo do desprendimento. Se morrer é perder tudo o que temos, devemos desde já nos desvencilhar de nossa dependência das coisas e pessoas de que somos rodeados. Nem sempre ou quase nunca esse desvencilhamento se há de realizar como uma completa renúncia do vínculo com as coisas do mundo. Não completa abstinência, mas independência e liber-

---

16 G. Pérouse, La Lettre sur la mort de La Boétie..., op. cit., sobretudo p. 65 e 74.
17 "Mon frère, mon frère, comment voulez-vous me refusez une place?".

A SIMULAÇÃO 13

dade, isso sim, é o que busca Montaigne ao rejeitar os instrumentos de apoio social no momento de morrer, ao renunciar cargos e funções, ao se recolher da imersão no palavrório cotidiano e ao recomendar a contenção na entrega aos prazeres para que nos resguardemos do excesso de alegria que nos faz esquecer a morte[18].

Há um espetáculo da tristeza no leito dos moribundos e nos enterros, espetáculo através do qual somos levados a temer a morte. Para o filósofo francês, devemos nos desnudar das máscaras sociais[19]. Preciso que a decisão de se desfazer dos vínculos intersubjetivos e do aparato social que circunda a cena do morrer presente no modo de simulação se repete numa fase posterior do pensamento montaigniano, como meio de alcançar a morte solitária e se desvencilhar da compaixão que outros teriam por nós diante de nossa morte e de nosso sofrimento, compaixão danosa que eventualmente pode nos fazer titubear quando chegar a hora[20].

Tão mais próximo o ponto imaginado em que termina a vida, tão menor o escopo previsto de efetivação das ambições e planos. Não sem espanto, também faz parte da estratégia do despojamento de Montaigne a recomendação de que não devemos nos prender aos projetos de longo prazo de forma que nos paralisem a ação cotidiana[21].

18 "Parmy les festes et la joye, ayons toujours ce refrein de la souvenance de nostre condition, et ne nous laissons pas si fort emporter au plaisir", I, 20 p. 86-87A (Em meio às festas e à alegria, conservemos sempre esse refrão da lembrança de nossa condição, e não nos deixemos arrastar ao prazer tão intensamente, p. 128). E em I, 20, p. 91A: "Elle est rendue maistresse de ses passions et concupiscences, maistresse de l'indigence, de la honte, de la pauvreté, et de toutes autres injures de fortune" (Ela [a alma] se tornou senhora de suas paixões e concupiscências, senhora da indigência, da desonra, da pobreza, e de todas as outras injúrias do acaso, p. 135).

19 "Heureuse la mort qui oste le loisir aux apprests de tel equipage" I, 20, p. 96A. (Feliz a morte que tira a ocasião aos preparativos de tais acessórios, p. 142). Montaigne é ainda mais incisivo em renunciar a esses "equipamentos" ou "acessórios" do que fora no que concernia à preocupação com as exéquias, como mostrei no capítulo anterior. São precisamente esses equipamentos sociais que conservavam a morte dentro do que P. Ariès denominou *mort apprivoisée*. Cf. *L'Homme devant la mort*, p. 21. Ver a respeito também J. Brody, *Lectures de Montaigne*, p. 101-103.

20 O desejo de morrer solitariamente é comum nos outros ensaios: III, 9, p. 979B. Sentimos pena de nós mesmos em nossa morte, pelo fato de outros sentirem pena de nós: III, 9, p. 984-985C.

21 "Il ne faut rien desseigner de si longue haleine, ou au moins avec telle intention de passioner pour n'en voir la fin. Nous sommes nés pour agir" I, 20, p.

Devemos nos despedir do mundo antes que o mundo se despeça de nós, ou melhor, antes que ele nos demita. Não se trata, com isso, de uma mera valorização nobiliárquica do ócio à moda greco-romana. O despojamento de cargos e funções insere-se em um propósito de libertação do indivíduo das obrigações socialmente impostas, dos vínculos de submissão a outrem[22].

Também o estudo faz a alma se destacar do corpo. Esse desprendimento gradativo e incompleto é uma preparação para a morte, de cujo desassombro decorre a busca do bem viver e do contentamento. Esse mesmo argumento é usado no *Fédon* de Platão, porém, há duas diferenças importantes. A primeira é que, ao contrário do que acontece nos *Ensaios*, no *Fédon*[23], o destemor frente à morte e o descolamento promovido pela filosofia se baseiam na crença na imortalidade da alma – o ato de filosofar é ontologicamente semelhante à independência da alma em relação ao corpo[24]. O ascetismo do *Fédon* pode ser bem resumido neste poema de José Paulo Paes:

> Para quem pediu sempre tão pouco
> o nada é positivamente um exagero[25].

Mesmo que introduzamos ponderações, calcadas em outros diálogos[26], que tornam mais branda a suspeita platônica contra os prazeres do corpo, não há como fechar os olhos para o ascetismo tão explicitamente declarado, principalmente, no *Fédon*. Na ética da medida platônica, o ascetismo estabelece

---

89A (Não se deve projetar nada de tanto fôlego, ou pelo menos com tal intensidade de paixão para não lhe ver o fim. Nós nascemos para agir, p.131).
22 "La premeditation de la mort est premeditation de la liberté. Qui a apris à mourir, il a desapris à servir" (A premeditação da morte é premeditação da liberdade. Quem aprendeu a morrer desaprendeu de servir, p. 128). Cf. I, 20, p. 87A. Frase levemente alterada a partir de Sêneca. (*Epistulae*, XXVI, 10): "'Meditare mortem': qui hoc dicit, meditari libertatem jubet [...]. Qui mori didicit, servire dedidicit".
23 Indiscutivelmente, Montaigne leu o *Fédon*, o diálogo platônico mais frequentado no XVI, segundo P. Villey. Cf. *Les Sources et l'evolution des Essais de Montaigne*, I, p. 213.
24 Platão, *Fédon*, 64c-d.
25 Seu título sugestivo é "Autoepitáfio n. 2", *Socráticas*, p. 89.
26 Por exemplo, no *Timeu*, 88c: é preciso exercitar corpo e alma, sem privilegiar em excesso nem um nem outro.

a medida do suficiente no mínimo[27], por acreditar que a vida deve seguir a linha de uma separação gradativa do corpo (e de seus desejos), tomando a morte como analogia e finalidade[28]. É a primeira manifestação nas éticas da medida de determinação da mesura pela razão de modo mais preciso sobre e, não raro, contra as vivências específicas do sujeito, pois prescrever o mínimo é mais exato do que sugerir o "justo meio" e o mínimo das necessidades dessa vida se traduz, para Platão, como o mais próximo do zero[29]. Com isso, o indivíduo ascético platônico, personificado por Sócrates, não se lamenta, mas se satisfaz e até se alegra em morrer. A morte dá o sentido, a direção para o ascetismo[30] e esse caminho se estrutura como uma promessa de negação do desvio, bem entendido: uma determinação de que o *meu eu* na sequência do futuro não se perca nas vicissitudes de situações específicas e prossiga dentro de um rumo reto com um fim estabelecido, o que é válido em certa medida para Platão, mas de modo mais intenso e explícito, para o ascetismo intramundano moderno[31].

Que o autor dos *Ensaios* mantém em alguma medida e de algum modo a separação entre corpo e alma é notório[32]. O uso

---

27 Segundo Platão, deve-se dedicar aos prazeres sensuais o mínimo possível. Cf. *Fédon*, 64 d. E em 67c: ele afirma que devemos continuamente nos purificar.
28 A morte é definida como separação entre corpo e alma (*Fédon*, 64c) e os prazeres do corpo são considerados um entrave (65 a-d). Em razão disso, não me parece suficiente a argumentação de M. Dixsaut de que há uma constrição "natural" de restrição aos prazeres corporais para dizer que realmente não há ascetismo em *Fédon*. Ainda admitindo a naturalidade da constrição, afirma-se que ela traça uma hierarquia na qual os prazeres do corpo são julgados danosos. Cf. Introduction, em Plato, *Phédon*, p. 78.
29 Segundo F. Nietzsche, os filósofos são ascéticos pelo medo de perderem a independência: "ihr Wahlspruch ist 'wer besitz, wird besessen'". Cf. F. Nietzsche, *Zur Genealogie der Moral*, III, § 8, p. 354. O ideal ascético, segundo Nietzsche, é de uma completa ausência de intercâmbio com o mundo, ver idem, III, § 17, p. 379. Em *Die fröhliche Wissenschaft*, IV, §340 Nietzsche interpreta as últimas palavras de Sócrates como reconhecimento de que a vida é uma doença). O corpo zero seria essa completa independência. Para uma interpretação (a meu ver, descabida, porém criativa) do *Fédon* segundo a qual a crença na vida pós--morte não é necessária para a sabedoria em vida, ver P. Ahrensdorf, *The Death of Socrates and the Life of Philosophy*, p. 111.
30 Sócrates chega a falar num "exercício para a morte" (*Fédon*, 81a).
31 Ver mais à frente o capítulo 5.
32 Como em: "Le corps, courbé et plié, a moins de force à soustenir un fais; aussi a nostre ame: il la faut dresser et eslever contre l'effort de cet adversaire". I, 20, p. 91A (Curvado e dobrado, o corpo tem menos força de sustentar um fardo;

que Montaigne faz do argumento de Platão, por seu turno, não exige que se creia na permanência da alma após a separação do corpo, mas somente na sua parcial suficiência em vida[33]. Não devemos nos contentar em dizer que temos aqui um ascetismo apenas *mitigado*, termo que alguns filósofos contemporâneos e tanto mais seus comentadores usam com apreço, pressa e imprecisão. É mais acertado falar em ascetismo sem transcendência ou, mais precisamente, sem justificação pós-morte. Que não nos escape de vista o reconhecimento de que desde sempre Montaigne estava a léguas do monge que se batia de medo ou raiva contra os prazeres do corpo, pois não se trata de um exercício de desprendimento da vida simplesmente e em sua totalidade, mas dos vínculos sentimentais em relação às coisas e pessoas singulares da vida ligadas aos ditos prazeres estritamente corporais. Acrescento ainda que, muito embora o filósofo francês mantenha em certa medida o ideal de independência em relação a esses prazeres, a fase final de seu trabalho exibe um amor intenso à vivência do prazer.

As principais objeções com embasamento textual contra a presença de um ascetismo em Montaigne na primeira fase enfocam dois trechos. No primeiro deles, logo no início do capítulo vinte do livro um, Montaigne fala no preparar-se para a morte como uma busca de nosso *contentamento*[34]. Ora, não podemos concluir daí que Montaigne já comportava indícios hedonistas incompatíveis com o ascetismo, uma vez que há também uma busca do bem-estar com o método de desprendimento, e o *contentamento* é uma busca de moderação, antes de mais nada – ascetas também querem ser felizes. No segundo,

---

também tem nossa alma: é-lhe necessário endireitar-se e elevar-se contra o esforço deste adversário, p. 134).

[33] Visão oposta apresenta C. Blum, defensor de que há uma doutrina em Montaigne da separação cristã e não platônica entre corpo e alma. Nos endereços vasculhados pelo comentador, nota-se que esse tomou por opiniões de Montaigne o que são apenas descrições de opiniões alheias. As passagens da "Apologia" nas quais Montaigne afirma a inteireza e interdependência entre corpo e alma, citadas por C. Blum como reafirmação da concepção cristã, têm, a meu ver, um caráter estritamente cético contra a possibilidade de discorrer sobre a alma e sua suposta imortalidade. Cf. *La Représentation de la mort dans la littérature française de la Renaissance*, II, p. 675.

[34] I, 20, p. 81A. J. Brody a partir das palavras *contentement* e *nostre aise*, op. cit., p. 120; e também A. Tournon, *Montaigne: la glose et l'essai*, p. 216.

o autor inegavelmente valoriza o "uso dos prazeres" (a expressão é de Montaigne antes de ser de Foucault)[35], mas, como já sugeriu Brush, trata-se de um acréscimo próximo à data de publicação da primeira versão de 1580[36], o que pode ser facilmente averiguado comparando-se a sequência de textos antes e depois do trecho[37].

SIMULAR A MORTE

A segunda diferença – essa capital, a meu ver – dessa primeira fase dos *Ensaios* em relação à preparação para a morte no *Fédon*, é a importância creditada à imaginação por Montaigne, ausente na argumentação e na figura do Sócrates platônico bem como na de Cícero nas *Tusculanas*. Conceda-se que em uma passagem do *Fédon*, Sócrates diz que o verdadeiro filósofo não teme a morte por nunca haver deixado de pensar nela[38], entretanto não está explicitado o aspecto de uma simulação mental contínua do momento de morrer, pois *pensar nela* significa, nesse contexto, saber e reconhecer, diga-se, teoricamente a sua existência. Com isso, passo ao segundo método de obtenção da almejada resolução no dia final. Como a morte é inevitável e imprevisível[39], devemos estar preparados para ela a todo o momento[40]. Montaigne nos insta a pensar sempre nela, imaginando eventuais desfechos para nossa vida a cada instante. Destarte, a preparação assume o caráter de simulação premeditada, de ensaio geral de uma

---

35 I, 39, p. 246A: "Il faut retenir à tout nos dents et nos griffes l'usage des plaisirs de la vie, que nos ans nous arrachent des poingts, les uns apres les autres" (Temos de reter com todos os nossos dentes e unhas o uso dos prazeres da vida, que nossos anos nos arrancam dos punhos, uns após os outros, p. 367). Citado e usado por P. Leschemelle, *Montaigne ou la mort paradoxe*, p. 26.
36 Op. cit., p. 54, n.
37 Voltarei a essa passagem, no "Apêndice", e às suas consequências interpretativas no segundo e terceiro enfoques de "O Problema da Transição", infra.
38 63a-64a.
39 I, 20, p. 83A. Como nota H. Friedrich, a constatação da certeza da morte e da incerteza de sua ocorrência temporal e espacial é muito comum na literatura antiga e moderna. Cf. *Montaigne*, p. 321.
40 "Il est incertain où la mort nous attende, attendons la par tout". I, 20, p. 87A. Seguramente inspirado em Sêneca (*Epistulae*, XXVI, 7): "Incertum est, quo loco te mors expectet: itaque tu illam omni loco exspecta" (É incerto onde a morte te aguarda, então a aguarda em qualquer lugar).

companhia de teatro para sua retirada final do palco, assim como um ator, pelo menos um bom ator, vivencia o seu papel e se faz crer nele. É exatamente devido à importância dessa especificidade que decidi nomear essa fase do pensamento de Montaigne *simulação*, em vez de usar exclusivamente o já consagrado *preparação para a morte*[41]. A versão montaigniana do preparar-se para morrer também nisso se distingue da de Sêneca, apesar de serem mais sutis as nuanças e matizes de diferenciação: em Sêneca, a meditação da morte é exclusivamente uma reflexão argumentativa e retórica sobre a morte em geral; ao passo que Montaigne, além de obviamente incorporar essas táticas teóricas, acentua o peso da imaginação da própria morte, como uma ficção ou sequência de ficções macabras que se colocam diante de um personagem singular – ele mesmo.

A encenação da morte para si mesmo, bem entendido, não cuida da aparência e da representação teatral descolada e oposta à realidade, pelo menos, em suas intenções. E aí vai uma diferença em relação ao ator: enquanto este vivencia integralmente para bem representar, Montaigne procura representar bem suas ficções macabras para vivenciar, isto é, para incorporar essa representação à sua vida. Assim, realiza-se um estatuto positivo e efetivador da imaginação produtora, por tomar como objeto um fato inexorável e relevante e pela esperança de que a imaginação consiga suplantar o sofrimento futuro da morte[42].

Montaigne mandou gravar nas travessas de madeira da biblioteca de seu castelo ditos e preceitos morais colhidos em grandes autores no intuito de tê-los muito presentes à mente, por assim tê-los à vista. A prescrição da simulação da morte é uma espécie de tatuagem mental que em letras garrafais exorta

---

[41] Segundo A. Tenenti, teria sido Henri Suso, em *Eterna Sapienza*, o primeiro no Renascimento a incluir a imagem constante de ocorrência da morte no ideal de preparação, mas ainda numa perspectiva de preparação para a vida eterna. Cf. *Il senso della morte e l'amore della vita nel Rinascimento (Francia e Italia)*, p 50-51.

[42] "On me dira que l'effect surmonte de si loing l'imagination [...] J'espere qu'il m'en adviendra ainsi de la mort". I, 20, p. 90A (Dir-me-ão que a realidade ultrapassa de tão longe a imaginação [...] Espero que o mesmo me aconteça com a morte, p 133-134).

"Lembra-te de que hás de morrer", grafada e gravada em nosso castelo interior[43].

A simulação e o treinamento são um método que almeja manter o domínio sobre si em meio ao mais arrebatador dos infortúnios. Ela é um tipo de imaginação que se diferencia de ocorrências ocasionais da imaginação da morte pela frequência e intensidade intencionalmente premeditadas com uma finalidade bem determinada, características que a definem propriamente como um método. Ele figura o traçado geral da vida como uma flecha que ruma para o juízo final do indivíduo, mais exatamente, o último dia como sua visada moral, reta sem se deter às vicissitudes das circunstâncias[44]. Essa configuração fornece a direção, o sentido da vida. Conquanto por vezes um orgulho pagão, Montaigne não se furta, nas faixas de texto indicadas até aqui, a esse modo cristão[45] de ver e sentir o tempo da vida e da morte.

O julgamento montaigniano sobre a exemplaridade do vulgo é variável ao longo dos *Ensaios*, entretanto, é possível dizer que, na primeira camada dos ensaios sobre a morte do livro I, nomeadamente, o 14, o 19 e o 20, predomina uma avaliação negativa: o vulgo é um exemplo a ser evitado, em razão de sua indiferença e desespero[46]. A esses trechos predominantes de renúncia à atitude popular, opõem-se trechos de

---

43 F. Garavini propõe que é a palavra que teria a função curativa e terapêutica de evitar o esvaecimento, por dizer que Montaigne acredita que as paixões excessivas, uma vez que inexprimíveis, causam a morte. A observação é verdadeira, contudo parcial: não se trata apenas de palavras, mas também de representações, disposições e ações vinculadas às palavras. Cf. Le Fantasme de la mort muette (à propos de I, 2 "De la tristesse"), em C. Blum (org.), *Montaigne et les "Essais" 1588-1988*.

44 Acredito, contrariamente a A. Tournon, que esse é um resquício de teleologia, sem que eu possa aceitar que o último dia seja entendido apenas como "une validation *a posteriori* [...] non comme l'accomplissement programmé d'une destinée" (uma validação *a posteriori* [...] não como a realização programada de um destino). Cf. A. Tournon, op. cit., p. 37.

45 "A imagem que melhor sintetiza o tempo, tal como o pensamento cristão o concebe [...] é a linha". Eu diria, mais exatamente, a flecha. Cf. N. Bignotto, O Círculo e a Linha, em A. Novaes (org.), *Tempo e História*, p. 180.

46 "Le remede du vulgaire c'est de n'y penser pas. Mais de quelle brutale stupidité luy peut venir un si grossier aveuglement?" (O remédio do vulgo é não pensar nisso. Mas de que brutal insensibilidade pode lhe advir uma tão grosseira cegueira, p. 123), ver I, 20, p. 84A, passim; ver também: I, 1, p. 8A. Desprezo que também ocorre no *Fédon*, 64c: "quanto ao vulgo e aos outros, não lhes demos atenção".

sua valorização[47], que não nos permitem, contudo, dizer que, desde o início, Montaigne advoga, ao contrário de Sêneca, uma atitude antiaristocrática e exibida com maior expressão por pessoas simples[48]. Já se advertiu que há uma passagem da, como tenho denominado, primeira fase de Montaigne em que há um expresso elogio à resolução dos simples[49]. Ora, nesse trecho, Montaigne está particularmente interessado em criticar a dramatização do morrer, à qual me referi acima, e dá o exemplo de pessoas que dela não necessitam[50]. Não há, a essa altura do texto, nenhuma crítica ao projeto de preparar-se mentalmente para o morrer.

Essa interpretação sobre o preceito de preparação para a morte refere-se a um seu emprego extremo e coerente, eventuais fraquezas e franquezas humanamente possíveis hão de descreditá-lo, mas não lhe desmanchar o desenho.

Comentadores prestam-se ao bom serviço de desvirginar nossa inocência na interpretação do texto, porém não é raro excederem-se na sua (interpretação ou inocência) e se arrogarem uma sagacidade e perspicácia que, percebemos, desmedida. A obrigação acadêmica da originalidade se amalgama a inquietações filosóficas legítimas para gerar o delírio de atribuição de

---

[47] I, 14, p. 51A: "Combien voit-on de personnes populaires, conduictes à la mort [...] y apporter une telle asseurance, qui par opiniatreté, qui par simplesse naturelle, qu'on n'y apperçoit rien de changé de leur estat ordinaire" (Quantas pessoas do povo vemos, conduzidas à morte [...] trazerem consigo uma tal segurança, alguns por obstinação, alguns por simplicidade, que não se percebe nada de alterado em seu estado habitual, p. 74-75).

[48] Cf. A. Comparot, op. cit., p. 92. Após a passagem da nota anterior na qual Comparot se fia para defendê-lo, seguem-se páginas de exemplos dessa atitude geral coroadas com a aristocrática observação: I, 14, p. 56-57A: "S'il ne faut coucher sur la dure, soustenir armé [...] par où s'acquerra l'advantage que nous voulons avoir sur le vulgaire?" (Se não for preciso deitar sobre a terra nua, suportar armado [...] como adquirir a superioridade que desejamos ter sobre o vulgo?, p. 82).

[49] I, 20, p. 96A: "qu'il y ait toutesfois beaucoup plus d'asseurance parmy les gens de village et de basse condition qu'és autres" (que haja muito mais firmeza entre os aldeões e pessoas de baixa condição do que entre os outros, p. 142).

[50] Idem, ibidem: "Il faut oster le masque aussi bien des choses, que des personnes [...] Heureuse la mort qui oste le loisir aux apprests de tel equipage". (É preciso tirar a máscara tanto das coisas como das pessoas [...] Feliz a morte que tira a ocasião aos preparativos de tais acessórios). Nesse mesmo parágrafo, está um elogio à morte em guerra por ser despojada das máscaras, ver A. Thibaudet, *Montaigne*, p. 64. A valorização da morte em batalha é permanente em todas as fases do livro, ver a respeito J. Boon, *Montaigne: gentilhomme et essayiste*, p. 37.

pensamentos próprios ao texto lido, quando não o de ausência de qualquer pensamento.

Poucos excertos produziram tantas controvérsias entre comentadores quanto o primeiro parágrafo do vigésimo capítulo do primeiro livro[51]. A mais importante discussão gira em torno do caráter excludente ou complementar das duas razões ou interpretações que Montaigne oferece do dito de Cícero. A maioria dos críticos[52] tem opinado que o autor nega a primeira interpretação, a saber, de que a preparação para a morte seja o desligamento gradativo do corpo, para assentir à segunda, de que ela é um aprendizado do destemor, havendo, pois, uma disjunção entre elas. Outros acreditam que as duas proposições se complementam[53]. Parece-me que forçosamente há de fato uma disjunção e uma opção pela segunda parte, pois Montaigne não se apoia, como já disse, na separação ontológica entre corpo e alma[54], embora se fie numa analogia estética e ética com a morte.

Brody, ao tentar negar a existência de uma evolução nos *Ensaios*, lança mão, por vezes, de argumentos muito fracos, por exemplo, dizer que o capítulo "Que Filosofar É Aprender a Morrer" não pode ser tomado como paradigmático de uma primeira fase em razão de ser constituído por quarenta e dois por cento de acréscimos B e C![55] O autor das *Lectures de Montaigne* argumenta, procurando base num contexto de recepção, que,

---

51 "Ciceron dit que Philosopher ce n'est autre chose que s'aprester à la mort. C'est d'autant que l'estude et la contemplation retirent aucunement nostre ame hors de nous, et l'embesognent à part du corps, qui est quelque aprentissage et ressemblance de la mort; ou bien, c'est que toute la sagesse et discours du monde se resoult en fin à ce point, de nous apprendre à ne craindre point à mourir". I, 20, 81A. (Cícero diz que filosofar não é outra coisa senão preparar-se para a morte. Isso porque o estudo e a contemplação retiram nossa alma para fora de nós e ocupam-na longe do corpo, o que é certa aprendizagem e representação da morte; ou então porque toda sabedoria e discernimento do mundo se resolve por fim no ponto de nos ensinar a não termos medo de morrer, p. 120).

52 Exemplos que me vêm à memória: A. Comparot, op. cit., p. 122. D. Schaefer, To Philosophize Is to Learn How to Die, *The Political Philosophy of Montaigne*, p. 299.

53 A. Tournon vota numa conjunção paradoxal, ver op. cit., p. 216.

54 É infundada a tese de D. Schaefer, op. cit., p. 298-299, de que a preparação para a morte nos *Ensaios* é uma caricatura intencional da preparação socrática no *Fédon*, unicamente por serem diversas.

55 Op. cit., p. 95.

por ser um truísmo na época, o lema platônico-ciceroniano tinha apenas "uma função formal"[56].

Gérard Defaux, por seu turno, vê no projeto de preparação para a morte um remédio que se torna veneno, por isso o autor dos *Ensaios*, desde o capítulo 20 do livro I, criticou-o[57]. As teses defendidas nesse capítulo seriam por assim dizer postiças, pois seu autor as ensaia, isto é, experimenta-as, sem aderir a elas. O indício que Defaux reputa como claro para essa constatação é a presença de uma retórica do fingimento nas citações implícitas e explícitas de Cícero e Sêneca[58] bem como no uso dos pronomes *eu*, *tu* e *nós*[59]. A máscara que essas palavras constituiriam ocultaria a linhagem estoica da preparação para o morrer, que, portanto, passaria a ser exibida em algo como entrelinhas que cada vez mais vêm à tona seja como rejeitável qual um espantalho[60] ou veneno, seja simplesmente como irrealizável[61]. Além da estratégica polifonia dos pronomes, nosso comentador firma-se no posicionamento tático de dois capítulos sobre a morte (I, 19 e I, 20) entre um capítulo sobre o medo (I, 18) e outro sobre a imaginação (I, 21) para advogar que Montaigne acredita que o medo da morte é aguçado e não curado por nossa imaginação.

Contra Defaux, em primeiro lugar, a mera localização dos referidos ensaios não implica por si que tenham relação com seus vizinhos e tampouco que, havendo, seja precisamente aquela identificada pelo comentador em questão e não a contrária, a saber: de que a imaginação da morte dirige-se contra o medo, tese da qual partilho. Em segundo lugar, o uso de vários pronomes está presente também no Montaigne dos ensaios do terceiro livro[62]: dir-se-ia, por isso, que ele estaria igualmente fingindo sua adesão? As idas e vindas entre o *eu* e o *tu* verdadei-

---

56 Idem, p. 113-114.
57 De I.20 ("Que philosopher c'est apprendre à mourir") à III.12 ("De la phisionomie"): écriture et essai chez Montaigne, em C. Blum (org.), *Montaigne et les Essais 1588-1988*, p. 101-102.
58 Idem, p. 112.
59 Idem, p. 105-106. Ideia semelhante da polifonia está em J. Brody, op. cit., p. 119.
60 Idem, p. 110-111.
61 Idem, p. 112.
62 Vejam-se exemplos em III, 12, p. 1039-1040, 1050-1051, páginas também citadas, embora não analisadas pela retórica ou gramática de Defaux.

ramente são uma estratégia, retórica que seja, de induzir o leitor a realizar os, diríamos hoje, experimentos de pensamento levados à frente pelo autor, entretanto, faltam-nos elementos para nos assegurarmos de que ele tenha a intenção velada que Defaux lhe imputa.

Não menos crente na existência de uma retórica nos *Ensaios* com vistas a um público específico (de sua época) e com objetivos diversos dos abertamente declarados, Schaefer propõe jamais ter havido alteração nas posturas do filósofo de Bordeaux sobre o morrer[63]. Desde "Que Filosofar é Aprender a Morrer", já haveria uma crítica à aproximação voluntária da imagem da morte. Schaefer cita uma passagem a seu ver decisiva[64] em que a interpretação de uma só palavra muda completamente o significado da postura montaigniana: o sentido de *s'empescher de*, no citado trecho, seria *ocupar-se de, enredar-se em, embaraçar-se com* ou, acrescento, *ser entravado em ou por*. Conquanto cite a passagem na tradução que dá Donald Frame *to be bothered by*, Schaefer interpreta que Montaigne estaria dizendo que se ocupar do pensamento da morte distante seria loucura. Meu voto pela tradução *embaraçar-se com* baseia-se, em primeiro lugar, na maior proximidade com o sentido etimológico – o uso latinizante é frequente nos *Ensaios* – entravar-se em, ficar com o pé preso (*impedicare*); em segundo, pela inserção do texto no contexto: poucas linhas acima, Montaigne criticara o vulgo por evitar pensar na morte. Sendo assim, o que é loucura é embaraçar-se com a imagem do morrer e não a preparação para ele.

Logo em seguida, Schaefer escreve que Montaigne considera a bravura perante a morte como irrelevante, uma vez que corajosa ou covardemente iremos morrer[65] e, nesse mesmo parágrafo, o filósofo renascentista confessa preferir formas pouco

---

63 Op. cit., p. 289. Ele analisa os capítulos I, 20; II, 6 e III, 12, em razão da referência dos dois últimos ao primeiro e – outro argumento numerológico! – da equidistância entre eles.
64 "Il n'y a justement que quinze jours que j'ay franchi 39 ans, il m'en faut pour le moins encore autant: cependant s'empescher du pensement de chose si esloignée, ce seroit folie". I, 20, p. 84A. (Não faz nem quinze dias que eu completei 39 anos, e falta-me ainda pelo menos outro tanto: nesse meio tempo, seria loucura embaraçar-se com o pensamento de coisa tão distante, p. 124).
65 Ele cita I, 20, p. 85-86A em apoio: "Car il me suffit de passer à mon aise" (Pois me basta passar o tempo como me agrada, p. 126).

exemplares de morrer. Mais uma vez, Schaefer despreza o contexto e se esquece da sequência em que Montaigne descredita essa atitude[66].

O intérprete estadunidense acredita que a função atribuída por Montaigne ao costume egípcio de exibir um esqueleto em festas é de estimular a intensificação do gozo dos prazeres. É particularmente curioso notar que precisamente nesse exemplo, Montaigne, ao contrário da tese de Schaefer, muda sua avaliação[67].

Como prova decisiva da descrença montaigniana quanto à preparação para a morte, Schaefer lança mão de um elogio à simplicidade da morte do vulgo[68], desejando destilar daí um apoio à atitude antes reprovada da "bestial indiferença"[69]. Ora, Montaigne aqui está elogiando a postura das pessoas comuns pelo fato de não serem cercadas de tantas manifestações de dor e de cuidados; a máscara que ele quer arrancar nesse ponto não é a da imaginação da morte, mas antes a das aparências instituídas entre os nobres[70], como eu já disse. É no mínimo curioso, para não dizer hilário, que Brody conclua, a respeito do mesmo livro, formulando uma tese diametralmente oposta: a de que Montaigne está sempre procurando defender a superioridade do nobre que segue a natureza contra o vulgar que se desvia dela[71]. Há também uma passagem no capítulo II, 13, citada por Schaefer, na qual Montaigne concorda com a afirmação de César de que "a

---

66 I, 20, p. 86 A: "Mais c'est folie d'y penser arriver par là [...] et cette nonchalance bestiale, quand elle pourroit loger en la teste d'un homme d'entendement, ce que je trouve entierement impossible, nous vend trop cher ses denrées" (Mas é loucura pensar assim chegar a isso [...] e essa indiferença bestial, caso pudesse alojar-se na cabeça de um homem de entendimento, o que acho inteiramente impossível, vende-nos caro demais suas mercadorias, p. 127).
67 Na primeira ocorrência do exemplo, temos: I, 20, p. 87A: "ne nous laissons pas si fort emporter au plaisir" (não nos deixemos arrastar ao prazer tão intensamente, p. 128) e, na segunda, I, 20, p. 90C: "Boy et t'esjouy" (Bebe e regozija-te, p. 132).
68 I, 20, p. 96A: "elle estant tousjours une, qu'il y ait toutesfois beaucoup plus d'asseurance parmy les gens de village et de basse condition qu'és autres" (sendo ela sempre a mesma, que haja muito mais firmeza entre os aldeões e pessoas de baixa condição do que entre os outros, p. 142).
69 "Bestiale nonchalance".
70 I, 20, p. 96 A: "Heureuse la mort qui oste le loisir aux apprests de tel equipage". (Prometo que é a última vez que eu cito essa passagem). Erro semelhante quanto a esse parágrafo final do I, 20 comete J. Brody, op. cit., p. 118.
71 Op. cit., p. 122.

morte menos premeditada" seria preferível[72]. Nesse caso, o que está em jogo não é a simulação mental da morte, mas modos efetivos de morrer, sendo preferível o súbito e sem conhecimento prévio. Schaefer apresenta outros argumentos e interpretações para defender sua tese, entretanto me dispenso de analisá-los aqui, posto que se referem a trechos das camadas B e C.

Acrescento o seguinte argumento à defesa da sinceridade do ideal de simulação da morte, argumento esse que, até onde me recordo, ainda não havia sido aduzido por nenhum dos comentadores. Todas as outras sentenças que são títulos de capítulos precedidas pela partícula *que* têm o claro assentimento de Montaigne, como podemos notar pelo seu conteúdo[73]. Caso ele quisesse colocar o enunciado do título em dúvida ou, pelo menos, apresentá-lo como um debate oscilando entre adesão e rejeição, teria escrito *se* no lugar de *que*[74].

A simulação não é uma dissimulação. Dizer o contrário seria, além de argumento para o enredo de um romance ou filme policial com fundo histórico, reduzir o texto à condição de um tabuleiro de xadrez em que suas peças se moveriam na consideração exclusiva ou precípua da avaliação de seus opositores e público imediato. O texto não precisa ser considerado um conjunto de charadas esotéricas ou exotericamente consignadas. Nada de criptografias. Tomada por ingenuidade que seja, minha estratégia natural de seguir o texto parece-me razoável e mais crível do que a de nele e muito mais fora dele perscrutar intenções retóricas subjacentes. Mesmo que Montaigne não tenha acreditado no que escreveu no momento em que o fez, não nos é dado sabê-lo[75].

Uma crítica comumente erguida contra a ideia de uma crença da simulação do morrer em Montaigne é o uso de trechos em que está presente o descrédito pelo direcionamento

---

72 Op. cit., p. 296. II, 13, p. 608A: "Voylà pourquoy Caesar, quand on luy demandoit quelle mort il trouvoit la plus souhaitable: La moins préméditée, respondit-il, et la plus courte" (Eis porque César, quando lhe perguntaram qual morte achava mais desejável, respondeu: a menos premeditada e mais curta, p. 413).
73 I: além do 20: 7, 14, 19, 32; II: 15.
74 Como ocorre em I, 5, por exemplo.
75 Referir-me-ei às implicações metodológicas e hermenêuticas desse problema mais tarde, quando trabalhar com o problema da transição.

futuro da imaginação ou simplesmente ao caráter prejudicial dela[76]. Sem embargo, dado que tais excertos não se referem especificamente ao tema da morte e não se universalizam a todo e qualquer uso da faculdade de imaginar, permito-me manter minha leitura, em razão do já explicitado duplo estatuto da imaginação.

Antes de encerrar o capítulo, gostaria de retocar três aspectos adjacentes.

Primeiro: na quarta das acepções de *morte* distinguidas acima, a do morrer intravital, pode-se dizer que morremos a cada dia. Com isso, a morte é pensada como parte constitutiva da vida de um indivíduo. A propósito, há dois argumentos que mereceram das mãos de Friedrich especial atenção, embora um só nome: *inerência da morte na vida*[77]. O primeiro visa, pela exibição da universalidade e banalidade da morte – animais, plantas, enfim, todos seres vivos morrem – a fazer com que nos conformemos com sua fatalidade. O segundo, pela percepção da constituição da vida como gradativa perda da força e vigor, alerta sobre o caráter do morrer intrínseco ao cotidiano. A morte no primeiro argumento está apenas na ponta da vida, como um abismo, mais precisamente, uma sequência de abismos, dos quais nós, todos nós, subitamente despencamos, ao passo que, no segundo, ela é paulatina, ocorre ao longo da vida inteira, como uma escada ou rampa a cuja descida devemos nos habituar. O primeiro supõe a inerência da morte na vida, o segundo, a inerência vital do morrer ou, na expressão de Jankélévitch[78], a *morte intravital*; prefiro alterar ligeiramente essa nomenclatura e adotar *morrer intravital*, mais adequada às distinções realizadas acima. Sabendo haver descrições cotidianas e empíricas, seria simplório confiar que Montaigne extrai a ideia de morrer intravital exclusivamente de uma análise da vida e não de uma metafísica[79], uma vez que ele amiúde faz uso de excertos de teorias metafísicas dos antigos,

---

76 Cf. D. Schaefer, op. cit., p. 302.
77 "Lebensinhärenz des Todes", H. Friedrich, mormente, faz uso de outras expressões como "caráter de pertença da morte à vida" (lebenszugehörigen Charakter des Todes), porém não há diferença de valor e significado entre elas. Cf. *Montaigne*, p. 322.
78 Citado por P. Ariès, op. cit., p. 122-123.
79 Como assevera H. Friedrich, op. cit., p. 325.

e não menos simplificador recair no extremo oposto e achar que o morrer intravital é meramente uma instanciação da tese (algo heraclítica) da universalidade dos contrários na vida e no mundo[80]. Deve-se também ponderar: em que pese o fato de que a inerência da morte na vida seja observável apenas exteriormente, não podemos nos furtar a considerar que a separação entre os dois tipos de inerência não recobre exatamente a separação, essa sim muito bem delimitada por Friedrich, entre conhecimento objetivo da banalidade da morte e experiência ou vivência interior do morrer, posto que podemos perceber o envelhecimento e definhamento em outra pessoa. Apesar dessa ponderação, poderia, ainda seguindo a distinção de Friedrich, marcá-la de modo mais preciso.

A inerência da morte na vida supõe, desde a sua descrição, alguma continuidade: dizer que cobras, lagartos, seres humanos morrem sempre – individualmente, mas não sua espécie ou, se sua espécie, não a vida em geral – supõe que continue havendo outras cobras, lagartos, humanos e seres vivos para morrer, o que é diverso de dizer que absolutamente não haverá mais cobras, lagartos e seres humanos ou qualquer espécie viva[81]. Ora, é precisamente esse o caso do morrer intravital, pois ele se refere não a um gênero de indivíduos, mas a um indivíduo singular. Portanto, uma interioridade que se contempla e se horroriza, corroída pelo tempo, exige a percepção de sua singularidade, de sua insubstituibilidade.

Alguém, contudo, poderia recarregar a munição de objeções e dizer que a percepção da singularidade e insubstituibilidade também pode ocorrer em terceira pessoa, sendo esse o caso do relacionamento de Montaigne com seu pai e, precipuamente, com La Boétie, que, de resto, os psicanalistas poderiam querer interpretar como um pai[82]. Ora, por mais doloroso e

---

80 Assevera J. Brody: a *mors vitalis* é uma instanciação da *discordia concors*, op. cit., p. 124.
81 Referindo-se aos jornaleiros, lavadeiras, enfim, aos outros que são substituídos por ainda outros, Bernardo Soares nos diz: "Mas eles, porque não vivem, duram ainda que outros; eu, porque vivo, passo ainda que o mesmo". Cf. F. Pessoa, *Livro do Desassossego*, fr. 170.
82 Presumo não precisar usar inicial maiúscula para que me entendam. Algum teólogo pode me ler algum dia e fazer as confusões de um psicanalista darem lugar a suas próprias.

distendido que tenha sido o luto de Montaigne e por mais que ele tenha se dignado preservar a memória do amigo, sabemos que esse último é progressivamente substituído ao longo do restante da vida do ensaísta[83].

Segundo: a adoção do método de simulação não exige uma completa surdez para a voz da natureza[84]. O artifício do despojamento, qual arauto ou mensageiro, visa adiantar-se ao despojamento natural que constitui a ordem pela natureza de condução à morte, ou seja, o morrer intravital.

Terceiro: embora Montaigne propugne o desprendimento das amarras do outrem no próprio momento agônico e em suas repetições simulatórias em vida, não se fechem nossos olhos para suas relações indiretas mediante a zelosa coleção de modelos alheios e a não menos importante destinação a outrem através da escrita da vivência própria do treinamento e da resolução – há um duplo movimento de modelação de si pelo outrem e do outrem por si. Isso há de se ver desde seu célebre prefácio "Ao Leitor", no qual Montaigne, vendo-se na iminência da morte, pretende se descrever como forma de preservação de sua imagem junto aos mais próximos[85].

---

[83] É sintomático disso que Montaigne tenha decidido retirar dos *Ensaios* os sonetos do falecido (I, 29). Talvez estivesse, com isso, recusando o lugar que ele mesmo conferira a La Boétie e que o próprio Boétie, em seu leito de morte, lhe havia pedido. Ver ainda: "Un sage ne voit guiere moins son amy mourant, au bout de vint et cinq ans qu'au premier an". III, 4, p. 835-836. (Dificilmente um sábio, ao cabo de vinte e cinco anos vê seu amigo moribundo menos do que no primeiro ano, p. 75). Para F. Rigolot, os *Ensaios* operam "une déconstruction progressive" do testamento deixado por La Boétie. Cf. *Les Métamorphoses de Montaigne*, p. 75.
[84] Veja-se a personificação da natureza: I, 20, p. 92-95A.
[85] "Je l'ay voué [...] à ce que m'ayant perdu (ce qu'ils ont à faire bien tost) ils y puissent retrouver aucuns traits de mes conditions et humeurs" (Votei-o [...] a esse que, tendo-me perdido (o que lhes deve acontecer em breve), eles possam aí reencontrar alguns traços de minhas condições e humores, p. 3).

3. A Predisposição

A simulação da morte se destina a um uso com vistas a resultados éticos e estéticos específicos. Sem embargo, qual um instrumento que se rebela contra seu usuário, ela produz efeitos imprevistos e malogra os previstos.

Acredito poder colher nos *Ensaios*, mormente nas camadas de adição posteriores a 1582, uma atitude frente à morte, em muitos aspectos, radicalmente diversa da primeira: uma espécie de confiança na predisposição natural. Na caracterização desse novo posicionamento, intencionarei explicitar como Montaigne empreende uma argumentação ostensivamente negativa quanto ao seu pensamento anterior (uma aversão à sua própria versão da preparação para a morte); e, além disso, como fornece elementos para a construção positiva de uma nova relação com a morte.

Podem-se enfeixar os principais argumentos negativos do segundo Montaigne para a rejeição do método de simulação da morte em três focos de incidência: primeiro, sugerir que ele é inexequível em sua plenitude; segundo, que ele é desnecessário; e terceiro, que ele é prejudicial. Esses argumentos não se encontram agrupados espacialmente no próprio texto, nem temporalmente na vida de Montaigne, muito menos nomeados – ele mesmo nunca procura sistematizar rigidamente as próprias ideias – e sequer nem mesmo entendo por foco de incidência qualquer tipo de intenção velada subjacente ao texto. Entretanto, acredito ser perfeitamente cabível essa divisão como forma de melhor entender sua oposição ao método de simulação.

IRREALIZABILIDADE

É necessário explicitar que não se trata, no primeiro grupo de argumentos, da constatação de uma absoluta irrealizabilidade, mesmo porque a argumentação de que o método de simulação é prejudicial de algum modo supõe que em alguma medida ele seja possível. Trata-se, antes, nesse primeiro grupo, de dois argumentos que tem como conclusão a grande dificuldade de execução do método de preparação para a morte de modo extremo e coerente. No que diz respeito ao primeiro deles, Montaigne observa uma lacuna, senão um abismo entre o proposto ou preconizado e o efetivo, tanto em terceira quanto em primeira pessoa. Sabe-se o quanto lhe é cara a necessidade de correspondência e concordância entre um e outro. Embora não se deva esquecer que o filósofo francês abandona desde o início a ênfase no modelo heroico, típica dos autores latinos, e ainda que tenha, na primeira fase, direcionado a preparação para a morte para o interior[1], é apenas agora que ele apresenta de maneira geral o abismo entre o ser e parecer da preparação para a morte. As dificuldades sobre essa concordância em terceira pessoa são levantadas, sobretudo, no capítulo II, 13 particularmente no que toca à resolução do último dia – é perfeitamente possível que aqueles que têm a aparência de resolução estejam fingindo-se tais[2], embora nessa altura ele ainda esteja preocupado em distinguir atitudes aparentemente resolutas das realmente dignas desse nome, procurando estabelecer requisitos e condições para imputação adequada desse título a outrem; em verdade, já havia uma desconfiança sobre a "máscara" da

---

[1] Bem o salienta H. Friedrich, *Montaigne*, p. 331.
[2] Crítica similar encontra-se em Plutarco, *Comment on peut s'apercevoir qu'on progresse dans la vertu*, 81b-c.

resolução no livro I, mas aí Montaigne ainda acreditava que, no momento de morrer, não haveria lugar para fingimentos[3]. A percepção da impossibilidade de plena concordância entre o ideal de constantemente pensar e simular a morte e a efetiva inconstância dos próprios pensamentos e ações ocorre de modo mais incisivo e claro em II, 1. Embora a constatação da própria inconstância seja recorrente nos *Ensaios*, é nesse capítulo que a consideração da distância entre o modelo único e inatingível de resolução e os outros homens, dentre os quais Montaigne se inclui, é afirmada.

No segundo argumento, ainda nesse primeiro grupo, o prefeito de Bordeaux pondera que nunca pensamos propriamente na morte, mas sim em qualquer outra coisa além ou aquém dela[4]. Nesse ponto, posso identificar dois grupos distintos de exemplos: o daqueles que prosseguem suas atividades cotidianas e deveres, sem a preocupação com a morte[5] e o daqueles que, mesmo aparentemente pensando nela, acabam também por desviar-se[6]. Essa normalidade do desvio do pensamento da própria morte para qualquer outro assunto é considerada por Montaigne uma condição natural da qual os homens se furtam, por exacerbar uma tendência também de sua natureza, qual seja, a de propagar a imaginação ao futuro muito além da vivência do presente, o que constitui o uso excessivo e negativo da faculdade de imaginar de que falei no primeiro capítulo[7]. O método de diversão não abarca a totalidade da reflexão do

---

3 I, 19, p. 79-80A.
4 III, 4, p. 833B. Sócrates é um modelo inatingível, pois foi o único a conseguir ter em mira apenas a morte.
5 II, 21, p. 679C: "sans soin". Os que morrem em combate não pensam na morte, mas apenas em combater: III, 4, p. 833-4. Ilustração disso é também a preferência pela naturalidade do desdém vivaz de Plutarco em relação à resolução e resignação esforçadas de Sêneca em III, 12, p. 1040B e C.
6 III, 4, p. 834B. Refutação semelhante parece estar, contra Agostinho, em Petrarca, para quem nossa alma está sempre em movimento e não consegue se fixar na preocupação com a morte. Cf. A. Tenenti, *Il senso della morte e l'amore della vita nel Rinascimento (Francia e Italia)*, p. 58.
7 "L'exercice trop poussé de la *lucidité* [o termo de J. Boon para a preparação para a morte] se retourne contre son objet, et entraîne le "trouble", l'agitation, la confusion, conséquences des abus de l'imagination" (O exercício forçado da *lucidez* volta-se contra seu objeto e acarreta o "transtorno", a agitação, a confusão, consequências dos abusos da imaginação). Cf. J. Boon, *Montaigne: gentilhomme et essayiste*, p. 82.

segundo Montaigne sobre a morte; trata-se tão somente de uma técnica de desvio da fixação do pensamento sobre ela, o que significa um retorno à condição natural de retenção ao presente e ao ciclo de nossas necessidades – eis a razão por eu preferir não ter adotado o termo "diversão" para qualificar essa fase[8]. Essa concepção do desvio rendeu fortuna na formulação feita por Pascal do conceito de divertimento, mais extremado, pois consiste em um completo distanciamento e indiferença[9]. A diversão, consolidada como um método ou não, também é um uso da imaginação, todavia é incorreto fiar-se na ideia de Boon[10] de que a relativização do "gosto dos bens e males" conduz o autor, logo no início do I, 14, à diversão, pois essa relatividade é ocasião para uma concepção instrumental da imaginação do morrer e não de se desviar dela.

Entretanto, e quanto àqueles que, próximos a seu fim, pensam unicamente na vida pós-morte: qual seria a legitimidade de seu desvio para a ideia da imortalidade? De fato, nem todo e qualquer desvio é elogiável[11]. Em seu elogio a Sócrates, Montaigne chega a dizer que não foi a crença na imortalidade da alma o motivo do desassombro do filósofo ateniense[12].

8 Há um relato do poder de desvio que o contato com as cortesãs italianas lhe propiciou: "Tous ces amusemens m'ambesouignoint assés: de melancholie, qui est ma mort, et de chagrin" (Todos esses entretenimentos me ocupavam o suficiente: de melancolia, que é minha morte, e de tristeza). Cf. *Journal de Voyage*, p. 241.

9 Fornecendo apenas uma indicação, sem querer me deter na tão complexa relação entre os dois filósofos, veja-se: fr. 166, "Divertissement – la mort est plus aisée à supporter sans y penser, que la pensée de la mort sans péril" (Divertimento – a morte é mais fácil de suportar sem pensar nela do que o pensamento da morte sem perigo). Ver também B. Pascal, *Pensées*, fr. 171.

10 Cf. op. cit. p. 73-74.

11 "On les doibt louer de religion, mais non proprement de constance. Ils fuyent la luicte ", III, 4, p. 833B. (Deve-se louvá-los pela religião, mas não propriamente pela constância. Eles fogem à luta, p. 71). Cf. H. Friedrich, op. cit., p. 349.

12 III, 12, p. 1059C: "Socrates [...] courageux en la mort, non parce que son ame est immortele, mais par ce qu'il est mortel" (Sócrates [...] corajoso na morte, não porque sua alma é imortal, mas porque ele é mortal, p. 414). Esse definitivamente não é o Sócrates do *Fédon*, que afirma (63a-64a) que a segurança na hora da morte se deve à esperança nos bens vindouros; se platônico, é no máximo o da *Apologia* (Platão, *Defesa de Sócrates*, 40c-d). Cf. P. Villey, *Les Sources et l'évolution des Essais de Montaigne*, I, p. 213, para quem Montaigne se apropria de algumas passagens do discurso de Sócrates desse diálogo. Ele também teria sofrido influência dos *Memoráveis* de Xenofonte, ainda na apreciação de P. Villey, sobretudo, na camada C dos *Ensaios*, idem, I, p. 288. H. Friedrich escreve que Montaigne toma por modelo apenas um "ursprünglichen Kern des Sokrates", ver op. cit, p. 71-72.

A impossibilidade de fixação permanente do pensamento na morte tem, na maioria de suas ocorrências nos *Ensaios* indicadas até aqui, o caráter de uma constatação da fraqueza psíquica e não de uma impossibilidade decorrente do próprio conceito. Poder-se-ia duvidar que Montaigne alcançasse algo como esse segundo tipo de abordagem, mas, numa breve passagem, ele nos diz que a morte, diferentemente da dor, não pode ser apreendida pelos sentidos, mas apenas pela razão[13]. É como se ele tivesse alcançado, com isso, uma delimitação não empírica, isto é, não sensível do conceito, sem, contudo, extrair suas consequências para a crítica do método de simulação do morrer, pois toda a parafernália técnica da preparação para a morte só faz sentido com o conceito de agonia, seja ela gradativa e lenta, seja rápida – para me expressar mais claramente: o ideal de simulação e preparação para a morte está assentado sobre a noção da morte como um fato e não como uma possibilidade[14].

INUTILIDADE

Constatar a desnecessidade de simulação e treinamento para o morrer pode ser visto na verificação de efeitos semelhantes de resolução ou, pelo menos, igualmente louváveis, sem o processo de preparação contínua apregoado pelo primeiro Montaigne. Principalmente e de modo mais explícito, ainda que não exclusivo nas duas últimas camadas do texto, os pobres, juntamente com os animais, se tornam o melhor modelo

---

13   I, 14, p. 56A: "La mort ne se sent que par le discours, d'autant que c'est le mouvement d'un instant [...] Et à la verité ce que [c] nous disons craindre [A] principalement en la mort, c'est la douleur, son avant-coureuse coustumiere" (A morte é sentida apenas pelo raciocínio, visto que é o movimento de um instante [...] E na verdade isso que [c] nós dizemos temer [A] principalmente na morte, é a dor, sua batedora costumeira, p. 81). No lugar da parte c, estava antes: "les Sages craignent". Cf. *Exemplar de Bordeaux*, fl. 18v.
14   Retomarei essa ideia infra "Do Temor da Morte". Cf. F. Dastur, *A Morte*, p. 83. A propósito, cabe salientar que, para Heidegger, o pensamento constante sobre a morte o qual imagina situações e momentos de sua realização diminui sua força ao tentar dispor dela, determiná-la e especificá-la de algum modo; atitude contra a qual, o filósofo alemão propugna a opção de tomar a morte inteiramente como possibilidade. Ver *Sein und Zeit*, § 53, p. 261. Em outro momento, M. Heidegger diz que pensar na morte todo o tempo é arbitrário, "reine Willkür", e leva ao suicídio. Cf. *Die Grundbegriffe der Metaphysik*, § 70, p. 426.

de força diante da morte[15]. Montaigne esposa, desse modo, a idealização da vida comum (no caso, do morrer comum) do ceticismo, numa valorização quase bucólica de um modo de vida, aparentemente, com grau zero de filosofia. Importante voltar a salientar que mesmo nas ocorrências que eu havia apontado no capítulo antecedente em que Montaigne valoriza a atitude dos simples, essa não é considerada a melhor atitude, ou mais exatamente, não é considerada a atitude dos melhores[16].

É particularmente digno de interesse que um mesmo exemplo de destemor diante da iminência da morte seja interpretado por Montaigne de dois modos diferentes. Navegando, próximo à costa, com outras pessoas, Pirro se mantém resignado e impassível em meio à tempestade. Ao ver os outros navegantes em desespero, ele aponta como exemplar o comportamento de um porco que, no continente, chafurda a lama, sem temer o temporal. No capítulo 14 do livro I, a virtude de Pirro é o modelo e Montaigne declara que a força da nossa razão não nos conduz ao desespero[17], cabe-nos reduzir, senão eliminar a dor através da razão[18]. No livro II, na "Apologia de Raymond Sebond", é o natural e bestial desprezo e a indiferença do porco o modelo a ser enaltecido[19].

Além do argumento acima de que outras pessoas, ou seres vivos, que não o sábio, podem alcançar a sabedoria e reso-

---

15 III, 12, p. 1040-1B. E elogia sua "profonde nonchalance" em III, 12, p. 1052B. Os animais também lhe servem de modelo de alegria perante a morte: III, 12, p. 1055B e C. É curioso que Gelli, antes e mais intensamente que Montaigne, confira tanto valor à incapacidade das bestas de antecipar o futuro e, com isso, de padecer pelo pensamento sobre a própria morte (referido por A.Tenenti, op. cit., p. 212-213). Ver o comentário de E. Becker sobre Montaigne, em que o homem comum não está isento do medo de morrer, embora o reprima e consiga camuflá-lo. Cf. *The Denial of Death*, p. 20.
16 Além das passagens já citadas anteriormente, ver: I, 39, p. 243A.
17 I, 14, p. 55A.
18 I, 14, p. 56A.
19 II, 12, p. 490A. Ver comentário sobre essa passagem, que pertence à primeira camada, no "Segundo Enfoque" do capítulo 4. A cena é narrada em Diógenes Laércio, IX, 68, p. 269, onde muito provavelmente o exemplo foi colhido. Parece que estar num barco durante uma tempestade era um teste de resolução para os antigos. Compreende-se que uma civilização tão dependente do mar quisesse extrair dele não apenas o sustento, como também exemplos edificantes, mas a frequência da situação na literatura (em Aulo Gélio, Sexto Empírico, outros casos em Diógenes Laércio e assim por diante) suscita dúvidas sobre a originalidade de sua escolha.

A PREDISPOSIÇÃO

lução no momento de morrer, Montaigne observa haver vias alternativas (tanto para o sábio quanto para qualquer pessoa) de preparação para a morte. Seriam elas a doença, a velhice e a experiência pessoal da queda. Aliás, devido ao seu caráter involuntário e não simulatório, devemos abandonar o termo "preparação" e adotar "predisposição"[20]. Compreenda-se: mesmo que eu quisesse me aventurar a viver tais experiências e forjá-las, seja contraindo intencionalmente um vírus, seja me atirando de um cavalo, seja levando a cabo qualquer atitude mais prazerosa, porém igualmente fatal, ainda assim eu não poderia determinar voluntariamente como deveriam ocorrer, principalmente se me levassem à morte ou às suas cercanias. Com exatidão, Friedrich[21] afirma que o caráter não premeditado da experiência da queda assegura sua autenticidade e valor. Encarando o tópico mais amplamente, posso dizer que o reconhecimento do poder do acaso, que sempre esteve presente em todas as outras reflexões de Montaigne, invade agora o terreno da preparação para a morte, que até então permanecia ileso.

O modo pelo qual a doença nos ensina a não temer a morte se altera ao longo dos *Ensaios*[22]. No livro I, Montaigne imagina que a morte lenta, que é a doença, faria com que ele desdenhasse a vida cada vez mais, acreditando, porém, que a imaginação, mais forte – ao contrário do que alguns pensam – do que a doença: seria uma auxiliar indispensável nesse processo[23]. Já no início do livro II, a superioridade em força da imaginação torna-se um excesso desnecessário e não mais uma vantagem sobre a doença real. Quando jovem, a ele a doença aparentava mais dolorosa do que efetivamente lhe pareceu ao sofrer dela já velho[24].

---

20 H. Friedrich chega a falar em "preparação silenciosa", ver op. cit., p. 366.
21 Idem, p. 346. Ver também S. Giocanti: "La chute ne se réfère pas seulement au fait de déchoir, à la déchéance, mais aussi à ce qui en nous advient (échoit) par hasard", *Penser l'irrésolution: Montaigne, Pascal, La Mothe Le Vayer*, p. 157.
22 II, 37, p. 760A, infra, "Apêndice", p. 110. "A doença nos predispõe melhor para a morte", III, 9, p. 979-980B.
23 I, 20, p. 90A. J. Brody interpreta que essa passagem e outras demonstram uma suficiência da natureza na preparação para a morte, o que é um exagero em vista das declarações de Montaigne no mesmo bloco sobre a importância da imaginação. Cf. *Lectures de Montaigne*, p. 135.
24 II, 6, p. 372A.

Também a velhice vai abocanhando um pedaço cada vez maior do homem[25], ensinando a não temê-la. Um dente caiu sem dor, porque já estava morto, várias partes do corpo morrem antes dele mesmo e, assim, ele vai se perdendo[26]. Esse conjunto de experiências de perda da força vital[27] constitui o morrer intravital ou o que atrás chamei de inerência vital da morte, em contraposição à inerência da morte na vida.

Por último, temos o relato da experiência da queda. Vários comentadores têm realçado a eventual irrealidade, a falsidade, o ilusionismo e o artificialismo literário do relato no sexto capítulo do livro dois[28]. Nakam reputa como muito provável a tese de que a própria experiência teria ocorrido até mesmo muito antes do início da redação dos *Ensaios* e, com isso, antes do que venho chamando de primeira fase[29]. Schaefer, por exemplo, preconiza que não precisamos supor que Montaigne de fato tenha passado por aquela experiência e que, além disso, seu relato é exclusivamente um artifício retórico para exibir a desnecessidade da simulação da morte[30]. Mais uma vez, defendo uma hermenêutica radicalmente textual – ainda que o relato da queda seja uma mera ficção, é necessário que nós comunguemos do pacto ficcional com o texto.

Tal experiência de inconsciência após a queda do cavalo ter-lhe-ia também oferecido uma ideia próxima do que é a morte[31]. Mas, para ser mais preciso, ela não é propriamente de

---

25 III, 2, p. 817B: "la viellesse, qui est un signe indubitable de l'approche de la mort", III, 13, p. 1095C (a velhice, que é um sinal indubitável da aproximação da morte, p. 469). E o reconhecimento de seu envelhecimento do início da escrita dos *Ensaios* até os anos próximos à publicação de 1588 está em III, 9, p. 964C.
26 III, 13, p. 1097-1101B e C. "C'est ainsi que je fons et eschape à moy" (É assim que derreto e escapo a mim mesmo).
27 Na expressão de G. Nakam "perda progressiva de substância e de identidade", ver La Vie, la mort, le livre, *Montaigne et son temps*, p. 206. J. Brody fala em "símbolo da morte por subtração", op. cit., p. 220.
28 Em G. Nakam há um contraste entre a inconsciência e esquecimento próprios à experiência e à exatidão de seu relato, op. cit., p. 208. L. Jenny duvida até mesmo da suficiência da identidade do eu; o relato depende de informações de terceiros. Cf. *L'Expérience de la chute: de Montaigne à Michaud*, p. 31.
29 G. Nakam, op. cit., p. 208-209. Para C. Brush, embora Montaigne já tivesse passado pela experiência, ele ainda não havia refletido detidamente sobre ela. Cf. *Montaigne and Bayle: Variations on the Theme of Skepticism*, p. 60-61.
30 "Rhetorical device". Cf. To Philosophize Is to Learn How to Die, *The Political Philosophy of Montaigne*, p. 295
31 II, 6, p. 373A.

uma completa inconsciência, haja vista a capacidade do acidentado em relatar o ocorrido, todavia muito antes e muito mais a da debilidade, da quase completa passividade e entrega. Mesmo acreditando, como Jenny, numa dependência das informações de terceiros na escrita do relato[32], podemos concordar com Friedrich, que chega a falar numa camada de individualidade pré-volitiva descoberta com a experiência interior da queda[33]. Por seu turno, Screech[34], sob efeito das mesmas alucinações paulinianas de leitura que critiquei na "Introdução", diz que a queda propiciou a Montaigne ou, mais exatamente, à sua alma a oportunidade de ser arrebatada extaticamente do corpo e, assim, libertar-se do temor da separação definitiva. Ora, não seria a experiência da queda precisamente uma entrega passiva e involuntária ao corpo e uma perda quase completa do domínio que as funções anímicas têm sobre ele? E avançando mais, não seria a experiência da queda uma vivência do que há de corpóreo, mortal, mundano e telúrico?[35]

Por que tais experiências realmente tornariam desnecessária a preparação para a morte? Pois elas satisfazem uma exigência da simulação e, ao mesmo tempo, a superam nessa qualidade de instrumento; uma experiência pessoal como a da queda, por exemplo, é uma exigência do método de simulação do morrer que o primeiro livro dos *Ensaios* não havia preenchido. A experiência da queda e suas congêneres pretendem-se também representações ou, antes, apresentações antecipadas da morte; e por mais artificiosa que seja sua descrição, elas se oferecem como não premeditadas, não intencionais e não controladas. Analogamente às experiências do morrer intravital (queda do dente, por exemplo), a experiência da queda é tomada como signo, uma prévia, da morte final. E o que essas diversas vivências teriam em comum com a própria morte seria a perda: essa última seria uma perda de si, enquanto aquelas, uma perda de algo de si. Ora, como se dá o passo ou salto dessa última àqueloutra? Haveria uma indução empírica do tipo: perco a cada

---

32 Op. cit., p. 31.
33 Op. cit., p. 346.
34 *Montaigne et la Mélancolie*, p. 160-161.
35 Em seu belo livro, L. Jenny desenvolve uma série de associações sobre as experiências de queda e a percepção de nossa condição humana, de "nossa pertença terrestre". Cf. op. cit, p. 1ss.

dia algo de mim, portanto, no limite e no fim, perderei a mim mesmo? O aprendizado que as experiências de perda propiciam seriam uma via inteiramente não simulatória de preparação para a morte.

Esse embate efetivo, que são as experiências cruciais de proximidade à morte (em primeira pessoa), foi um dos fatores influentes na radical alteração de relação de nosso autor com a morte. Sem embargo, seria por demais ingênuo crer que a doença, a velhice e a queda seriam inteiramente naturais e despojadas de intervenção mental ou (para usar um termo mais próximo ao vocabulário de Montaigne) imaginativa, tanto quanto crer que a queda, por exemplo de uma maçã, poderia por si formular uma teoria científica[36]. Antes, Montaigne acreditava que a natureza nos obrigava a pensar sempre na morte e a simulação seria um complemento necessário das indicações (signos, sinais etc.) da própria natureza, sua propulsora[37]. Ora, um mesmo conceito ou tese pode ser adotado por diferentes teorias ou práticas. O que muda quanto ao papel da natureza, nessa nova maneira de procurar o desassombro, é a desnecessidade de mediação através da técnica de simulação. Assim, o segundo Montaigne não, ou pelo menos, nem sempre está se voltando contra a imaginação da morte em geral, mesmo porque a descrição e a valorização das vivências do morrer intravital já supõem uma consciência enunciada da morte e de seus signos, mas sim contra a imposição doutrinal da intensificação e repetição constante do imaginar. Aquela adesão aos preceitos de sabedoria sem corpo[38] é um simulacro, a imposição postiça de uma postura frente à morte[39].

---

36 À luz dessas reflexões, devo considerar patente exagero a opinião emitida por F. Brahami, de que a queda é marcada por uma ausência de representações. Cf. *Le Scepticisme de Montaigne*, p. 89-90.
37 Ele diz que Montaigne se apropria do argumento de Sêneca de que a morte se insere na vida em seu todo como um ponto de fuga do estoicismo enquanto o próprio Sêneca o tomava como uma ideia recorrente conduzindo à atitude estoica central. Cf. H. Friedrich, op. cit., p. 336 e p. 86.
38 III, 12, p. 1040C: "ou par emprunt ou par imitation" (por empréstimo ou por imitação, p. 384).
39 É digno de algum interesse o modo como a representação postiça – tema recorrente no cinema atual – da morte alheia é trabalhada no filme *Visões de Morte*, de Michael Scott, em que uma pessoa recebe por transplante as córneas de uma vítima de assassinato e passa a ter as visões finais dela.

A propósito, se a experiência da queda não pode ser prescrita nem estendida universalmente aos outros, isso nos remete novamente ao problema que debati no último parágrafo do capítulo anterior. Seria apropriado dizer esse Montaigne mais Montaigne ter dispensado por completo a relação com a alteridade? Não, se atentamos para o fato de que o autor, assim como na sua primeira fase, ainda se nos transfigura através de um texto e almeja forjar para si e para nós, seus leitores, uma imagem própria do viver, conquanto não mais se prontifique a seguir receitas exemplares de preparação, nem procure uma adequação a qualquer norma sobre como morrer bem[40].

A predisposição natural que vem agora valorizar não se há de associar necessariamente com uma condição estaticamente estabelecida, uma vez que seu conceito de natureza, que, complexo como é, exigiria um outro livro, é dinâmico e incorpora em si hábitos individuais e costumes coletivos. A melhor maneira de seguirmos nossos preceitos com precisão e rigor é ter princípios bastante lassos, isto é, adequados à nossa condição e às nossas vivências e hábitos[41]. Tais ideias seriam talvez as principais responsáveis pela fama de Montaigne como um filósofo de uma "ética do relaxamento"[42].

NOCIVIDADE

O método de simulação é reputado como prejudicial[43], especialmente, no que concerne ao desprezo da vida que ele acarreta e até mesmo supõe, e ao adicional de sofrimento que ele

---

40 Cf. H. Friedrich, op. cit., p. 341; C. Lyas, That to Philosophise is to Learn How to Die, *Philosophical Investigations*, p. 123; e J. Starobinski, Montaigne: des morts exemplaires à la vie sans exemples, *Critique*, n. 258, p. 932.
41 J. Boon crê que essa flexibilidade já estava fortemente presente desde o início, mas só fornece citações dos estratos B e C como suporte, cf. op. cit., p. 40. Plutarco critica os estoicos por procurarem adequar a natureza aos seus princípios e não o contrário, ver *Comment on peut s'apercevoir qu'on progresse dans la vertu*, 76a.
42 No dizer de J. Benoist, Montaigne penseur de l'empirisme radical, em V. Carraud; J.-L. Marion (eds.), *Montaigne: scepticisme, métaphysique, théologie*, p. 227.
43 P. Villey já o percebia: "Les préparations à la mort ne sont donc pas seulement inutiles, elles sont nuisibles" (As preparações para a morte não apenas são inúteis, elas são nocivas), op. cit. II, p. 406.

nos traz[44] – efeitos nocivos, ainda que inocentes. Algo semelhante talvez se encontre em Lucrécio, para quem imaginar o sofrimento futuro faz contaminar as vivências presentes com a imagem projetada[45].

Tornado seu vizinho, Montaigne se acostuma com o morrer[46]. Contudo, gradativamente, o tempo entre o presente em constante movimento e o dia final ganha maior peso do que o que antes era atribuído a este último e, com isso, a afirmação da predisposição não depende de qualquer grau de vizinhança com a morte. É a partir desse movimento que Montaigne passa a avaliar os instantes finais e não o contrário. Dessa forma, no momento da morte, devemos nos portar tal como ao longo da vida, mas não porque esta simule aquela, mas sim porque o último dia da vida ainda é parte dela e já não mais goza de privilégios em relação aos outros dias. Há, portanto, um expresso e recorrente elogio da continuidade entre o comportamento no todo da vida e o comportamento nesse momento específico[47].

Destarte, muda radicalmente o estatuto ético do morrer, isto é, seu lugar em relação à vida, uma vez reconhecida a predisposição. A simulação do morrer acarretava certo desprezo da vida[48]. O segundo Montaigne acredita que a doutrina daqueles que propugnam que devemos, por meio da contínua imaginação dos males possíveis, preparar-nos para os futuros faz-nos fugir ao gozo dos prazeres presentes[49]. A quixotesca produção

---

[44] III, 12, p. 1051B: "Il est certain qu'à la plus part la preparation à la mort a donné plus de tourment que n'a faict la souffrance" (É certo que para a maioria a preparação para a morte rendeu mais tormento que o que o seu sofrimento provocou, p. 400). Erroneamente, M. Conche interpreta essa frase referindo-se apenas à maioria das pessoas e não ao "homem trágico" que Montaigne se queria. Cf. Le Temps, la mort, l'ignorance; Le Pari tragique, *Montaigne et la philosophie*, p. 67.

[45] III, v. 879-883.

[46] II, 6, p. 377 A: "car, à la verité, pour s'aprivoiser à la mort, je trouve qu'il n'y a que de s'en avoisiner" (pois, na verdade, para familiarizar-se com a morte, acho que basta avizinhar-se dela, p. 69).

[47] "J'interprete tousjours la mort par la vie", II, 11, p. 425C. (Interpreto sempre a morte pela vida, p. 140). Montaigne enaltece a atitude daqueles que querem morrer de pé e não no leito, isto é, morrer em atividade: II, 21, p. 676 A. É preferível a morte em combate àquela no leito: III, 13, p. 1097B, ver também III, 7, p. 917C. O modelo da morte de Sócrates ganha campo, pois ele se manteve alegre até o fim (II, 11, p. 425C) e desdenhou a morte (III, 12, p. 1053B).

[48] I, 20, p. 91A.

[49] III, 12, p. 1050C: "Que te sert il d'aller recueillant et prevenant ta male fortune, et de perdre le present par la crainte du futur, et estre à cette heure miserable par

mental da imagem do morrer recai agora no descrédito da imaginação como faculdade dispersora, voltando-se ao inútil e não mais desfruta do estatuto positivo de que gozava antes. E então, um dos principais focos do deslocamento do modo de simulação para o de predisposição reside no objeto da visada da moral. Enquanto o primeiro Montaigne prescrevia que a morte deveria ser nosso objetivo[50], o segundo defende que a vida e a volúpia conjugando força e prazer e nos provendo com o destemor da morte sejam o propósito de nossas ações[51].

Boon não vê contradição entre as duas passagens nas quais Montaigne se serve do dito de Cícero, pois crê que uma distinção conceitual há de salvar a compatibilidade entre elas[52]. Para ele, quando Montaigne escreve: a morte é "o objetivo de nossa carreira", devemos entender por *carreira* a linha da vida que vai do nascimento ao ponto final que constitui a morte e quando o autor dos *Ensaios* diz que a morte não é "o objetivo da vida"[53], *vida* significa um conjunto de características concretas, como vivacidade, vivência e assim por diante. Acredito que temos aqui uma amostra de sensibilidade semântica fina e incomum. Todavia não há signos visíveis no texto de sua adequação, sendo

ce que tu dois estre avec le temps?" (De que te serve ir recolhendo e prevendo a tua má fortuna e perderes o presente por medo do futuro, e seres infeliz agora porque tu deves ser com o tempo?, p. 400); e p. 1051B: a "preparação para a morte" é pior que o sofrimento. III, 13, p. 1110B: "de nos maladies la plus sauvage c'est mespriser nostre estre" (E de nossas doenças a mais selvagem é menosprezar nosso ser, p. 492).

50 "Le but de nostre carriere, c'est la mort, c'est l'objet necessaire de nostre visée", I, 20, p.84A. (O objetivo de nossa carreira é a morte, é o objeto necessário de nossa mira, p. 123). De onde provavelmente Antônio Vieira teria sido direta ou indiretamente influenciado para escrever: "A meta é a morte, a carreira é a vida", Sermão da Quarta-Feira de Cinza de 1673, *A Arte de Morrer*, p. 81.

51 I, 20, p. 82C: "le dernier but de notre visée, c'est la volupté" (o fim último de nossa visada é a volúpia, p. 120); III, 2, p. 816C: "A mon advis c'est le vivre heureusement, non, comme disoit Antisthenes, le mourir heureusement qui faict l'humaine felicité" (Em minha opinião é o viver venturosamente, não – como dizia Antístenes – o morrer venturosamente que faz a humana felicidade, p. 44). A propósito de Antístenes nas *Vidas e Doutrinas*, VI, 5- III, 12, p. 1051-2C: "*Tota philosophorum vita commentatio mortis est* [*Tusculanae*, I, 30]. Mais il m'est advis que c'est bien le bout, non pourtant le but de la vie, c'est sa fin, son extremité, non pourtant son object" (*Toda a vida dos filósofos é uma meditação da morte. Mas, na minha opinião, esse é de fato o final, porém não a finalidade da vida; é seu fim, sua extremidade, porém não seu objeto);* III, 5, p. 843B: "Moy qui n'ay autre fin que vivre" (Eu que não tenho outro fim que viver, p. 402).

52 Op. cit., p. 88-89.

53 III, 12, p. 1051-2C.

pouco provável, senão impossível, que Montaigne e seus leitores precisemos dela. A citação da frase das *Tusculanas* num e noutro ensaio pode ser tomada como indício confiável de um choque entre as duas posições: na primeira ocorrência, ele lhe confere seu assentimento e na segunda, a contradiz. Inspirado nas distinções de Boon, Brody também não admite contradição alguma, optando por fazer as suas quanto a outros termos[54]. Ele realça os aspectos da simbólica espacial da linha, mas menospreza totalmente a ideia de finalidade que aí está contida. Não há malabarismo hermenêutico convincente capaz de tornar concordantes entre si as duas passagens em questão.

Também defendendo a fidelidade, até nas camadas finais dos *Ensaios*, ao ideal de preparação, Conche cita uma passagem em que, com o termo *previsão* oposto a *medo*, o que está em jogo, na verdade, é a avaliação antecipada das condições objetivas de realização e êxito de um ato corajoso com risco de vida, e não o método de simulação[55]. Ele ainda se baseia num trecho de exortação à preparação e à arte de viver[56], o que me parece estar longe de significar a simulação do morrer. Os outros recortes textuais apresentados por Conche mostram somente a permanência não do preceito de preparação para a morte, mas antes do desejo de independência, sem que isso deva ser levado ao ponto de um ascetismo nos termos do primeiro Montaigne. Tal avaliação resulta da dilatação excessiva do conceito de morte, entendendo-o como todo e qualquer tipo de perda. Não se

---

[54] Op. cit, p. 121. *But* e *l'objet necessaire* não teriam as conotações de finalidade no I, 20, mas apenas de fim. É lamentável que Brody não atente para a oposição entre *but* e *bout* em III, 12, p. 1051B, em que o sentido comum e finalista de *but* salta aos olhos.

[55] III, 6, p. 900B: "Nostre peuple a tort de dire: celuy-là craint la mort, quand il veut exprimer qu'il y songe et qu'il la prevoit. La prevoyance convient egallement à ce qui nous touche en bien et en mal. Considerer et juger le danger est aucunement le rebours de s'en estonner" (Nossa gente está errada em dizer: esse aí teme a morte, quando ele quer exprimir que ele pensa nela e que a prevê. A previdência convém igualmente ao que de bom e de mau nos afeta. Considerar e julgar o perigo é de algum modo o inverso de transtornar-se com ele, p. 172). Cf. M. Conche, op. cit., p. 64.

[56] III, 5, p. 841B: "Il faut avoir l'ame instruite des moyens de soustenir et combatre les maux, et instruite des reigles de bien vivre et de bien croire, et souvent l'esveiller et exercer en cette belle estude" (É preciso ter a alma instruída com os meios de resistir aos males e de combatê-los, e instruída com as regras de bem viver e de bem crer, e amiúde despertá-la e exercitá-la nesse belo estudo, p. 83). Cf. M. Conche, op. cit., p. 67.

deixar prender a um objeto ou pessoa passageira pela consciência da possibilidade de perda desse objeto ou pessoa não acarreta dizer que se faça pela consciência de minha morte.

No capítulo anterior, foi-me especialmente útil a metáfora teatral da representação e ensaio (como treinamento). É como se a atenção à predisposição a que Montaigne vem agora se propor fosse uma suspeita quanto à possibilidade de acurácia na representação da morte pela simulação e treinamento, e quanto ao poder ético de seus efeitos.

Em vez da flecha do tempo, a afirmação da predisposição à morte nos conduz à metáfora da viagem sem rumo certo, tortuosa, guiada pelas belezas da paisagem, como caminhos da floresta. O poder do acaso, ou melhor, nossa impotência de determinação e previsão dos acontecimentos futuros permanece ao longo do texto, tendo sido usada com diferentes conclusões. Mais uma vez, defrontamo-nos com a restrição a desejos e projetos de curto prazo, pois quanto mais longo o prazo de efetivação de um desejo, maior sua dependência do acaso[57]. Montaigne ainda diz que nossos desejos de bens materiais devem perfazer círculos e não uma linha reta, de forma que o fim e o princípio sejamos sempre nós mesmos[58].

O que chamei de argumentos negativos são, antes de qualquer coisa, um conjunto de constatações. Resta saber se ainda pode-se encontrar nesse novo Montaigne preceitos de atitudes positivas sobre o problema da morte. E, então, surge um novo problema: Montaigne estaria nos conduzindo a uma direção diametralmente oposta à primeira, a saber, de um menoscabo e indiferença à morte, da completa abstenção do pensamento da morte?[59] Ora, maior indiferença à morte não pode haver

---

[57] III, 9, p. 978B: "Mon dessein est divisible par tout: il n'est pas fondé en grandes esperances, chaque journée en faict le bout" (Meu projeto é totalmente divisível: não está fundado em grandes esperanças, cada jornada constitui seu final, p. 289).

[58] III, 10, p. 1011B: "La carriere de nos desirs doit estre circonscript et restraincte à un court limite des commoditez" (O trajeto de nossos desejos deve ser circunscrito e restringido a um curto limite das comodidades, p. 340-341).

[59] Nisso parece apostar S. Giocanti: haveria um gradativo "fechar os olhos" para a morte. Mas os recortes textuais evocados pela intérprete não fornecem base suficiente para concluir o cume desse processo. Cf. op. cit., p. 553, ver também D. Schaefer, op. cit., p. 309-310. Para Plutarco, a completa insensibilidade diante do infortúnio de uma morte é tão rejeitável pela razão quanto a sensibilidade excessiva, *Consolation à Apollonios*, 102d-e.

além daquela que simplesmente não se propõe e dá de ombros ao tema; mas Montaigne continua a falar da morte. O jogo é mais sutil. Na verdade, há inda uma parte da filosofia montaigniana que é aprender a morrer, mas assim é pensada como consequência natural do aprendizado de viver. A predisposição e seu reconhecimento não exigem a cegueira, e a diversão que está consciente de si é superior ao mero desprezo da morte[60]. Parece-me que a nova atitude do nosso autor frente ao morrer encontra-se numa zona intermediária entre o extremo de vendar os olhos e o do preceito de simulação contínua da morte.

O termo convocado por alguns para representar a segunda fase dos *Ensaios*, além de "diversão", que já rejeitei, seria *nonchalance*. Contudo, haveria, segundo outros, ocorrências do termo e cognatos excepcionais à divisão bifásica e evolucionista que estou delimitando neste livro. De fato, diante de algumas passagens da camada A no livro I, no qual Montaigne valoriza essa disposição de espírito, temos duas alternativas interpretativas: a primeira é acreditar que o sentido da palavra é o mesmo sempre e que os posicionamentos são oscilantes e variáveis ou, pelo menos, diferentes daqueles que eu descrevi; a segunda é afirmar: há apenas uma mudança fundamental nas opiniões montaignianas a respeito, mas, dentro de uma mesma fase, elas não se entrechocam, e é o sentido do termo que muda. Não se pode arbitrariamente escolher uma ou outra, sem uma interpretação meticulosa do significado de cada ocorrência em seu respectivo contexto ao longo de todo o livro, procurando entender o termo por meio, por exemplo, dos pares de oposição que forma com seus confrontantes.

Após ter feito esse rastreamento e essa análise, julgo que a significação de *nonchalance* é, de forma geral, uma espécie de descolamento ou distanciamento em relação a uma ação, um fato, um dever, uma pessoa, um objeto ou a um conteúdo proposicional ou informativo, descolamento que é sempre acompanhado pela espontaneidade, despreocupação, liberdade, facilidade e naturalidade[61] e, em algumas passagens,

---

60 Para J. Boon, a diversão não está em conflito com a lucidez, op. cit., p. 76-77.
61 I, 26, p. 172B, p. 175A; II, 13, p. 609C (*anonchali* se opõe a *tendu*); III, 1, p. 792B; III, 4, p. 831B (*nonchalamment* se opõe a *brusquement*); III, 9, p. 963B, p. 994C, p. 995B; III, 10, p. 1023B; III, 13, p. 1101B; III, 13, p. 1109B (de modo displicente, sem se importar com regras).

pela indolência e preguiça, prenunciando o sentido solidificado no francês atual. Essa noção ampla se especifica por meio de algumas bifurcações e, a partir de cada uma delas, surge um sentido diferente. A primeira bifurcação diz respeito ao conhecimento ou não de seu objeto; *nonchalance* nesse sentido pode ser o desconhecer ou não reconhecer alguém ou alguma coisa, intencionalmente ou não[62]. Entretanto, dado o conhecimento ou reconhecimento, surge uma nova bifurcação: tornar-se ou não comovido ou abalado emocionalmente por ação do conhecimento, e *nonchalance* pode ser o estado de espírito de não se deixar abalar[63]. Mas, mesmo se afetado por algum sentimento, alguém pode ainda ser levado por uma comoção positiva ou negativa; consequentemente, temos uma terceira bifurcação e *nonchalant* pode ser aquele que é movido pela alegria, coragem, satisfação, vivacidade e não por medo, estarrecimento e temor[64]. A partir de qualquer um dos dois primeiros sentidos,

[62] Exemplos desse sentido: I, 20, p. 89A (falando dos humildes: "de mort nulles nouvelles [...] et cette nonchalance bestiale [...] nous vend trop cher ses denrées" (da morte nenhuma notícia [...] e essa indiferença bestial, caso pudesse alojar-se na cabeça de um homem de entendimento, o que acho inteiramente impossível, vende-nos caro demais suas mercadorias, p. 127). Atenção para o fato de a palavra em questão estar adjetivada aqui; I, 39, p. 244A; II, 4, 364A; II, 7, p. 384A; II, 15, p. 617C; II, 17, p. 652A; II, 21, p. 676A; II, 34, p. 743A; III, 1, p. 790B (aqui *nonchalamment* se opõe a *curieusement* – esta última palavra que se deve traduzir como *com zelo*); III, 5, p. 872B; III, 9, p. 954C (*anonchalir* se opõe a *mespris philosophique*); III, 9, p. 963B.

[63] Por exemplo: I, 9, p. 34B (*mettre à nonchaloir* é intencional e conscientemente não cumprir uma promessa); I, 11, p. 44C; I, 20, p. 89A, "Je veux qu'on agisse [...] et que la mort me treuve plantant mes chous, mais nonchalant d'elle, et encore plus de mon jardin imparfait" (Quero que ajamos [...] e que a morte me encontre plantando minhas couves, mas não abalado por ela e ainda menos pelo meu jardim imperfeito, p. 131-132). Montaigne, logo em seguida, narra o caso do homem que se lamenta por não poder terminar de escrever um livro. Nesse contexto, Montaigne está rejeitando tanto projetos de longa duração quanto a completa inação, rejeição que supõe o reconhecimento da morte. É por isso que não compartilho da opinião de que essa passagem tão bela e expressiva possa ser um furo da camada A no ideal de simulação da morte: ela descreve um propósito e uma atitude comum a todas as fases dos *Ensaios*: I, 26, p. 172B; I, 26, p. 175A; I, 27, p. 182; II, 3, p. 353A; II, 13, p. 609C (Sócrates, consciente de seu fim, permanece inabalável); talvez II, 17, p. 643A e C; II, 17, p. 649A; III, 4, p. 837C: "Je voyois nonchalamment la mort, quand je la voyois universellement, comme fin de la vie; je la gourmande en bloc" (Via inabalavelmente a morte, quando a via universalmente, como fim da vida; em bloco, eu a domino, p. 77); III, 9, p. 971B; III, 12, p. 1052B, p. 1054B; III, 13, p. 1083B.

[64] Exemplos em: I, 35, p. 750A; III, 10, p. 1008B. E em *Journal de Voyage*, p. 238.

Montaigne pode fazer um julgamento positivo (tratar-se-ia de uma qualidade)[65] ou negativo (um defeito)[66]; no terceiro sentido, a avaliação é obviamente positiva. Os sentidos são, assim se vê, alternativos, porém coordenados e se submetem todos, de algum modo, à noção geral. As traduções mais cabíveis serão variáveis (desatenção, ignorância, ingenuidade, despreocupação, insensibilidade, descaso, serenidade etc.), sem que haja, assim penso, um correspondente único em português.

Munido das distinções e qualificações acima, um exame quantitativo nos faz ver que há uma crescente valorização da *nonchalance*[67]. Deve-se ainda notar que há cinco usos adjetivados do termo: dois negativamente qualificados no primeiro livro[68] e três no terceiro[69], positivamente valorizados.

Julgo ter mostrado, com as considerações dos parágrafos anteriores, que o sentido do termo é variável. Posso dizer que, nos dois últimos sentidos, *nonchalance*, particularmente, perante a própria morte no momento de morrer, é um objetivo de Montaigne ao longo de todo o livro; todavia, uma maior intensidade dessa disposição (profunda e grande) só é valorizada nas últimas camadas do livro.

Boon aproxima a noção de *nonchalance* do ideal de indiferença altiva e aristocrática da nobreza militar da época[70] – uma nobreza que se viu como herdeira da virtude viril romana; na sua interpretação, o autor dos *Ensaios* queria-se um soldado e seu destemor diante da morte iguala-se ao daquele que, intrépido, combate, indiferente à sua própria sorte. Boon quer derivar uma interpretação integral ou básica da postura sobre a morte e o morrer a partir de uma imagem que Montaigne tinha de si

---

[65] Embora nem sempre tal avaliação seja evidente, tanto mais, pela ironia de que Montaigne se vale, vez por outra, sobre sua própria lassidão, leiam-se as ocorrências: I, 20, p. 89A; I, 26, todas; II, 13, p. 609C; II, 17, 643A e C, p. 649A; III, todas, exceto 5, p. 872B.

[66] I, 9, p. 34B; I, 11, p. 44C; I, 20, p. 86A; I, 27, p. 182A; I, 39, p. 244A; II, 3, p. 353A; II, 4, p. 364A; II, 15, p. 617C; II, 17, p. 652A; II, 21, p. 676A; II, 34, p. 743A; III, 5, p. 872B.

[67] O conceito é mais usado no livro II (uma ocorrência por 38,16 páginas) do que no I (uma por 41,85) e muito mais no livro III (uma por 19,18). As avaliações positivas aumentam também em proporção sobre as negativas, ver as duas notas anteriores.

[68] I, 20, p. 86A (*bestiale*) e I, 39, p. 244A (*cette profonde et extreme*).

[69] III, 9, p. 963B (*profonde*); III, 10, p. 1008B (*grande*); III, 12, p. 1052B (*profonde*).

[70] Como a "sprezzatura" italiana. Cf. J. Boon, op. cit., p. 29.

mesmo ou que ele prescrevia a si mesmo, disponível numa linhagem histórica e social. Creio, não obstante, que a imagem do cavaleiro e cavalheiro nobre e impávido, ainda que se provasse biograficamente originária, fornece apenas uma instanciação de um ideal mais amplo de desassombro, aplicável, inclusive, a personagens e contextos não militares e não nobiliárquicos, como os populares, os animais e assim por diante[71].

Thibaudet, por seu turno, interpreta-a como uma conservação de si numa espécie de estado de "sangue-frio"[72], expressão por si no mais das vezes correta, se aplicada especificamente ao problema da morte, porém não suficientemente elucidativa. Partindo dela, poderia, por associações livres, vagar entre tantas outras como "fleuma", "frieza", "intrepidez" e, por fim, as de sabor helenístico e tão promíscuas no seu giro por várias escolas: "impassibilidade", "serenidade", "tranquilidade". A opção por alguma dessas últimas poderia manchar este estudo com os riscos de taxonomia que cuidei evitar na minha "Introdução" e, no afã de açambarcar as ideias complementares sobre corpo, desejo, natureza e alteridade, redundaria em confusões. Melhor reter o aspecto mais importante com as palavras *despreocupação* e *desassombro*. Pode-se, com justeza, questionar com que legitimidade terminológica a despreocupação no primeiro sentido deveria ser inclusa entre as manifestações de resolução: por que qualificar como *resolutos* os que não têm consciência da morte ou a obliteram?

Sendo o da morte entre todos os temores o maior, sua eliminação, de acordo com Montaigne, causa a eliminação dos outros[73]. Se nem a morte nos assombra, o que assombraria?

---

[71] M. Butor argumenta, com base em II, 7, que a coragem militar, porque corriqueiramente imposta, não necessariamente se traduz em coragem filosófica. Cf. *Essais sur les Essais*, p. 50-51.

[72] *Montaigne*, p. 196. Cabe lembrar que *nonchalance* é a negação do radical latino que significa *esquentar*; porém, mais que um termômetro emocional, a expressão denota para o comentador um desdém pela sequência futura dos acontecimentos, o que não é exato, uma vez que *nonchalance* pode referir-se a uma dor ou a um sofrimento presente.

[73] Essa é uma tese comum a todo o livro, bem expressa em I, 20, p. 87C: "Il n'y a rien de mal en la vie pour celuy qui a bien comprins que la privation de la vie n'est pas mal" (Não há nada de mal na vida para quem compreendeu bem que a privação da vida não é um mal, p. 128). Isso é quase uma transcrição de Epicuro: "Não existe nada de terrível na vida para quem está perfeitamente convencido de que não há nada de terrível em deixar de viver", ver *Carta sobre*

Hugo Friedrich não subscreve essa leitura da completa rejeição do temor da morte. O efeito da simulação da morte e das vivências do morrer intravital seria, em sua opinião, uma admissão desse medo[74]. Tratarei mais detidamente deste tema no capítulo conclusivo deste livro.

---

a Felicidade, p. 27. Graças à origem epicurista e ao contexto de inserção (se não tememos a morte, não nos sujeitamos a ninguém na vida), esse excerto não pode ser interpretado como segura negação da mortalidade da alma, como o faz C. Sclafert, *L'Âme religieuse de Montaigne*, p. 280.

[74] Op. cit, p. 347 e 352.

4. O Problema da Transição

O problema da transição entre um primeiro e um segundo Montaigne foi tratado, quando plenamente assumido, das mais diversas formas na literatura a respeito. Não havendo unanimidade nem mesmo no que toca à existência de uma alteração no pensamento montaigniano sobre a morte, que dizer das formas que ele assume? Portanto, antes mesmo de me deter sobre o conteúdo filosófico do salto ou passo de uma posição a outra, tenho que me ver com aqueles que creem não existir movimento algum.

Alguns comentadores unitaristas, propugnadores da permanência de uma única e mesma visão e postura de Montaigne sobre o morrer, procuraram mostrar a forte presença de elementos da segunda fase na primeira, outros da primeira na segunda, havendo, portanto, discordâncias significativas entre si quanto a que postura seria essa. Creio ser de patente evidência a oposição de uma última fase do pensamento de Montaigne sobre a morte em relação a uma primeira fase e que as passagens citadas, referidas e interpretadas nos capítulos antecedentes foram suficientes para prová-lo. Todavia, gostaria de adicionar algumas considerações sobre os principais expoentes dessa linha.

Uma primeira desconfiança dos unitaristas concerne ao problema do assentimento de Montaigne ao que escreveu. Pode ser que ele, desde o início, já de posse das ideias que defenderia mais explicitamente apenas no livro III, as retivesse ou escondesse como um escritor retém revelações importantes para manter a tensão e o suspense da trama. Foi a partir de suspeitas como essa, ou um pouco mais sutis, que Schaefer e Defaux construíram suas interpretações. Ora, para qualquer argumento com base textual que se ofereça, seria quase sempre possível opor um argumento histórico, biográfico, criptográfico, numerológico ou místico, defendendo que, apesar de dizer uma determinada proposição, nosso autor na verdade não acreditava nela. Há de se compreender que essa desconfiança tem aplicabilidade patentemente arbitrária, caso não haja lastro textual com que se possa satisfatoriamente contrapor uma dada passagem dita suspeita.

Uma segunda desconfiança também foi levantada: é possível que tenha havido hesitações várias, sinceras que sejam, ao longo do tempo e do texto. Há indubitavelmente um reconhecimento pelo próprio autor da oscilação, inclusive, ao decidir justapor suas declarações anteriores e seus acréscimos posteriores, mesmo sem a presença das marcas de estratificação usadas nas edições críticas modernas. Porém, uma forma mais extrema dessa suspeita, tão em voga pelo avanço dos credos pós-modernistas[1], se expressou num ceticismo hermenêutico, posso dizer, impraticável e inexpugnável que exponho a seguir.

O leitor filológico, por exemplo, é aquele que maneja o tecido de significados esquecendo-se de sua condição humana, no intuito de uma neutralidade e imparcialidade que, de seu nada, declara adicionar ao texto[2]. Brody condena a tentativa

---

1 A importância dessa moda intelectual pode ser lida também no trabalho de G. Defaux, para quem os críticos atuais são "zelosos seguidores da pluralidade e da ambiguidade" ver De I.20 ('Que Philosopher c'est apprendre à mourir') à III.12 ('De La phisionomie'): écriture et essai chez Montaigne, em C. Blum (org.), *Montaigne et les Essais 1588-1988*, p. 101.

2 É Montaigne que pode nos falar contra essa pretendida neutralidade: "Un suffisant lecteur descouvre souvant és escrits d'autruy des perfections autres que celles que l'autheur y a mises et apperceüs, et y preste des sens et des visages plus riches", I, 24, p. 127A, (Um leitor capacitado amiúde descobre nos escritos de outrem perfeições diferentes das que neles o autor colocou e percebeu, e empresta-lhe sentidos e aspectos mais ricos, p. 190).

de arrancar ideias dos *Ensaios*[3]. A superposição, justaposição e aglutinação de textos – a colcha de retalhos – não nos autorizariam, como defende Brody e com o mesmo amor que declara a todas as palavras de Montaigne, a extrair do texto qualquer posição. Todavia, o próprio intérprete o faz[4]. Resultado: dá passos de formiga, mas tem ânsia por saltos de canguru. Grande parte da argumentação de Brody contra a evolução afeta a leitura específica de Villey[5]. E para se desvencilhar de uma completa inação hermenêutica, Brody decide entender as palavras do livro como códigos culturalmente acessíveis aos contemporâneos do autor e que, nesse registro histórico localizado, encerram (e esgotam) o sentido do texto. Por fim, ele recai na já debatida hipótese de um fingimento retórico do primeiro Montaigne sobre a simulação do morrer[6]. E em outro texto o comentador entrega-se a um formalismo hermenêutico estéril[7].

Tournon[8], por sua vez, prende-se à tese, conquanto não de um completo vazio de ideias nos *Ensaios*, de uma independência de Montaigne em relação a um pleno assentimento ao que ele mesmo diz e, além disso, Tournon aposta na homogeneidade ao longo de todo o livro já não de um ideal ou doutrina, mas antes do ato de experimentar (pelo próprio experimentar), baseando-se em diversas declarações do próprio Montaigne em defesa da unidade do livro[9]. Ora, em contrapartida, posso lembrar numerosas outras citações nas quais o autor se reconhece

---

3 *Lectures de Montaigne*, p. 94.
4 Ele demonstra preocupações de abranger o problema da morte no conjunto dos *Ensaios* na p. 104 ou ainda, ancora as atitudes de Montaigne em um "princípio cósmico", na p. 124. Cf. *Lectures de Montaigne*, p. 94-99.
5 Idem, ibidem
6 Idem, p. 116.
7 "The difficulties that we experience in reading the *Essais* are inherent in their form; they are not intellectual or philosophical, but linguistic or structural" (As dificuldades que experimentamos ao ler os *Ensaios* são inerentes à sua forma; elas [as dificuldades ou os *Ensaios*, prof. Brody?] não são intelectuais ou filosóficas, mas linguísticas ou estruturais). Cf. From Teeth to Text in *De l'Experience*, em D. Berven(ed.), *Montaigne's Rhetoric*, p. 230.
8 "Les réflexions de Montaigne visent moins les idées énoncées que l'acte même de leur énonciation" (As reflexões de Montaigne visam menos às ideias enunciadas do que ao próprio ato de enunciação). Cf. *Montaigne: la glose et l'essai*, p. 7 e 37.
9 Talvez a principal seja III, 9, p. 964C, começando com: "Mon livre est tousjours un" (Meu livro é sempre o mesmo, p. 267).

mutável[10]. E, além do mais, mesmo que o autor admitisse a completa homogeneidade e imutabilidade de suas considerações especificamente sobre a morte, não estaríamos isentos de averiguar a verdade de tal admissão.

Enquanto a primeira das suspeitas descritas acima (de Schaeffer e Defaux) incide sobre a relação entre passagens pontuais dos *Ensaios* e um Montaigne extratextual e histórico por trás delas, a segunda (de Brody e Tournon) versa sobre a possibilidade de coligar passagens diversas em uma linha sem retornos. Se a primeira é, como já insisti em dizer, inoperante e até imperscrutável; a segunda é, pelo menos, verificável e passível de debate. Deve-se ponderar que ainda que Montaigne tenha caminhado por oscilações e mesmo que ele se declare oscilante ou inalterável, elas exibem uma tendência de destino[11], abandonando o método de simulação e abraçando a confiança na predisposição natural. E essa ponderação parece-me assaz razoável à luz do estudo realizado no terceiro enfoque, mais à frente.

A chamada desordem dos *Ensaios* faria rir um estudioso dos fragmentos dos pré-socráticos ou do espólio de Fernando Pessoa. Em que pesem as idas e vindas do autor, temos uma só obra e uma só linha de sequência de texto designada por ele mesmo até em suas inserções manuscritas. Provavelmente as palavras de Montaigne não contem com tamanha elasticidade interpretativa ou vazio de significação, se levado em consideração o contexto textual de seu posicionamento, como me esforcei por fazer ao longo do livro.

A este capítulo ficará a tarefa de explicitar algumas considerações metodológicas de leitura e interpretação e, ao mesmo tempo, efetivá-las no problema – da transição – em que elas se exigem mais rigorosas. Dito de outro modo, enquanto o que me interessava no capítulo anterior eram as razões apresentadas pelo próprio Montaigne para rejeitar o método de simulação e sugerir a predisposição natural, meu olhar agora deve voltar-se, mormente, para as eventuais causas dessa mudança. Resolvi,

---

10 Presentes, por exemplo, em: III, 2, p. 804-805B.
11 Algo que até mesmo um discípulo de J. Brody admite. Para P. Leschemelle, *Montaigne ou la mort paradoxe*, p. 16, apesar do mar do texto estar revolto, conseguimos identificar uma bossa, como uma maré alta ou baixa.

para tanto, agrupar os vários tratamentos dos comentadores desse problema em três enfoques hermenêuticos, embora saiba que um mesmo comentador possa fazer incursões em mais de um enfoque: um deles, conceitual e sobre o conteúdo; no outro, sobre a localização temporal da transição na vida de Montaigne e, no terceiro, sobre a localização espacial da transição no texto. Para precisar melhor, o primeiro enfoque metodológico e interpretativo procura identificar razões, experiências e conceitos próprios ao tema (e não estritamente presos à singularidade da vida de Montaigne), não necessariamente explícitos no texto, que constitutivamente teriam atuado como causas efetivas (assim como o fariam com qualquer ser humano) na rejeição ao método de simulação da morte.

Quanto aos comentadores que admitiram a existência de alguma espécie de evolução nas reflexões de Montaigne sobre a morte, temos alguns intérpretes (como Villey) que procuraram clarear as questões de conteúdo filosófico a partir do estudo de questões historiográficas (vida do autor e tempo histórico), isto é, partindo do segundo para o primeiro e depois para o terceiro enfoque, enquanto alguns outros (como Hugo Friedrich) partem do texto ele mesmo e daí procuram eventuais confirmações fora dele.

PRIMEIRO ENFOQUE

A visão de Friedrich bem como a dos unitaristas Defaux e Schaeffer traz algo de importante: entender que a simulação da morte por si mesma, de algum modo, gera seu distanciamento, seu abandono e sua superação. Enquanto os segundos, uma espécie de evolucionistas de superfície, acreditam que Montaigne o faz por um fingimento retórico que exibe desde seu início a inexequibilidade da simulação produzindo no leitor um distanciamento que ele, o autor, já possuía; Friedrich aposta numa plena sinceridade do projeto inicial de simulação e em sua radicalização no que nele há de mais característico e importante, o que faz com que a mudança seja real, e não postiçamente retórica. E é a crescentemente intensificada "experiência interior" que, segundo Friedrich, ocuparia esse lugar de um veio comum na economia da reflexão de Montaigne sobre a morte. E, na compreensão dela, o intérprete inclui não apenas a imaginação do morrer, como ainda dois elementos indispensáveis: a individualidade da "minha morte" e o horror diante da própria finitude. Esses dois resultados necessários provindos da experiência interior demonstram, para o intérprete suíço, que ela se destaca nitidamente da constatação de que os outros seres humanos, ou melhor, os outros seres vivos, morrem[12]. Friedrich lê a antecipação da morte nos *Ensaios* como uma crescente consciência dessa estrutura humana básica[13]: uma evolução contínua até um clímax de superação de suas ideias iniciais, sem que as rupturas resultem de uma intervenção exclusivamente exterior, mas mormente da experiência interior intrínseca à condição de finitude[14], levando afinal à admissão do horror diante da possibilidade do próprio desaparecimento. A essa conclusão, opõe-se a leitura de Choron de que a preparação para a morte é abandonada devido ao fato de haver cumprido sua função de liquidar o medo de morrer[15].

Starobinski, por seu lado, propugna um caminho nos *Ensaios* oposto ao de Friedrich. Para o autor de *Montaigne em Movimento*, além da dissolução do último dia no todo da vida por meio da percepção do morrer intravital, a razão da mudança nos *Ensaios* seria uma progressiva objetivação e exteriorização da morte, que deixaria de ser percebida como aquilo que me individualiza para, apreendida como fato e não como ato, tornar-se precisamente aquilo que me faz comum, igual a qualquer outro ser humano e a qualquer outro ser vivo[16].

---

[12] Tese semelhante é proposta por M. Conche, para quem é ao se desbastar da ligação estreita com o que lhe é exterior através do pensamento da morte que Montaigne descobre o si mesmo interior. Cf. Le Temps, la mort, l'ignorance; Le Pari tragique, *Montaigne et la philosophie*, p. 69.

[13] Cf. *Montaigne*, p. 321. Segundo o autor, a experiência interior é o que há de mais intenso na vida, ver idem, p. 342.

[14] Citando propositral e erroneamente uma passagem da primeira fase, reconhece também um importante papel à doença e à velhice na intensificação da "familiaridade com a morte". Cf. *Montaigne*, p. 333.

[15] J. Choron, citado por F. Premk-Šlerlak, *La Signification du moment présent et l'idée de la mort chez M. de Montaigne*, p. 86. Para ver o quão errônea é essa hipótese, ver infra "Do Temor da Morte".

[16] J. Starobinski apresenta duas passagens em defesa da objetivação: a primeira está em I, 20, 95C, "Elle ne vous concerne ny mort ny vif: vif, parce que vous estes: mort, par ce que vous n'estes plus" (Ela não vos diz respeito nem morto

No que diz respeito à crescente objetivação (tese de Starobinski), sabemos que ela já estava presente desde a primeira edição em diversas passagens e na grande apropriação que Montaigne faz da personificação da Natureza de Lucrécio já no capítulo 20. Todavia podemos conceder que as citações do livro III do *Da Natureza das Coisas* aumentam em muito a cada edição dos *Ensaios*, sem que nos esqueça – contra Starobinski – o fato de que também aumentam as declarações de natureza pessoal sobre as experiências de Montaigne a respeito da morte e do morrer.

Isso posto, posso negar a Friedrich e a Starobinski a pretensão de totalidade de suas respectivas explicações causais. Parece-me que ambos os caminhos têm seu lugar no texto dos *Ensaios*. E a oposição entre os dois denota um aspecto importante em sua economia interna o qual será discutido no desfecho do livro.

Conjunta e paralelamente a essas linhas de desenvolvimento, devo incluir também dois movimentos – um regressivo, outro progressivo – que realçam o deslocamento temporal na experiência de relação com a morte e o morrer, respectivamente: a marcha a ré do alvo da simulação[17], pela qual Montaigne dissolve o objetivo de sua visada no todo da vida e o gradativo afastamento da ocorrência de sua verificação[18]. Todavia esse continuamente arredar para frente, que pode ter sido uma motivação para rejeitar o método de simulação da morte, não chegou ao ponto de conduzi-lo – ao contrário do que se poderia esperar – a encarar a morte como uma possibilidade e não mais como um fato a ser domado.

Todas essas hipóteses propriamente filosóficas (e não biográficas ou historiográficas) realçam aspectos interessantes da reflexão de Montaigne não como um texto inerte, mas também

nem vivo: vivo, porque existis; morto, porque não mais existis, p.139); na segunda delas, do final do I, 20, J. Starobinski parece interpretar *mesme* na expressão "cette mesme mort" além da função meramente gramatical que possui realmente na frase um conteúdo filosófico de banalização. Cf. *Montaigne en mouvement*, p. 97.

17 Esse é um aspecto para o qual muitos críticos atentaram. Ver, por exemplo, J. Starobinski, op. cit., p. 97-98.
18 Ver a propósito J. Starobinski, para quem Montaigne, ao simular o momento final no agora, considera os momentos posteriores como dados, como uma sobrevida, um presente adicional, "sursis", ver idem, p. 189.

e, mormente, na relação que nós temos com ele, no entrelace de nossas próprias experiências e razões ao lê-lo. No entanto, por mais razoáveis que nos pareçam, é apenas com respaldo textual que elas podem ser confirmadas ou infirmadas.

SEGUNDO ENFOQUE

Devo agora considerar outro expediente hermenêutico: a tentativa de resolver problemas de interpretação interna pelo traçado de linhagens extratextuais, como uma perícia, partindo das testemunhas e das pistas deixadas, de reconstituição da biografia do autor entendida como o conjunto de singularidades de sua vida e intenções historicamente localizadas.

Urge levantar, antes de tudo, algumas desconfianças sobre a possibilidade de demarcação de fronteiras temporais. O maior obstáculo à tentativa de localização do ponto de inflexão do pensamento de Montaigne é o fato de que a linha do texto não necessariamente coincide com a linha temporal, pois o processo de inserções de comentários ocorre não somente de edição para edição, mas também dentro de uma mesma edição[19]. Dito de outro modo, não nos podemos fiar na linha do texto nem na linha da história pessoal de seu autor para traçar a trilha reta de uma eventual transição de uma postura a outra.

Munido de tais considerações propedêuticas, passarei, doravante, em revista algumas das propostas de leitura por remissão biográfica, não sem antes rever as etiologias de transição levantadas em hipótese no primeiro enfoque.

Quanto às hipóteses levantadas (de Starobinski e Friedrich, da exemplaridade ou do deslocamento temporal progressivo ou regressivo), não podemos lhes fornecer suporte a partir dos fósseis históricos extratextuais ou intratextuais, até onde pode ir minha módica cultura historiográfica; mas quero fazer notar que nenhuma delas torna-se imediatamente invalidada por isso. Supomo-las pelas nossas próprias experiências ao ler os textos de Montaigne e preenchemos – deveríamos fazer de

---

[19] Exemplo disso é a passagem do capítulo I, 39 citada no "Apêndice", infra p. 108.

outro modo? – os espaços vazios da nossa ignorância (ou o abismo hermenêutico de que falei na "Introdução") pela nossa própria e irrenunciável sensibilidade ao tema.

Os unitaristas que admitiram a existência de alguma mudança (ainda não falemos em "evolução", que supõe desde já uma preferência pela segunda atitude) acompanharam-na pela exclusiva remissão aos dados biográficos do autor. Boon, por exemplo, procura entender o trajeto do livro como uma mudança pessoal e, para tanto, leva à frente um breve estudo biográfico[20]. Na sua opinião, a "lucidez", que alguns estudiosos teriam confundido com estoicismo, era prescrita quando Montaigne ainda se via envolto em obrigações públicas e não sofria tanto da saúde, enquanto o enaltecimento da diversão é proposto depois de se desfazer daqueles deveres e ao estar sujeito aos males de que veio a morrer ulteriormente[21]. Ora, com esse argumento, Boon não está provando que não há evolução quanto à questão da morte nos *Ensaios*, mas sim lhe dando uma explicação causal, por remissão à vida do autor. Outros comentadores que acompanham o itinerário biográfico do autor, mais coerentes, parecem tê-lo percebido e afirmam que há de fato uma evolução.

Entre esses vários intérpretes, desde Villey, é comum afirmar que há uma passagem da exemplaridade espelhada nas mortes relatadas da Antiguidade clássica (Sócrates e Catão, principalmente) para a vivência própria das experiências cruciais de proximidade[22], passando pela exemplaridade de pessoas próximas. Ora, se a biografia do autor é remetida a uma entidade fora do texto, não podemos tão ingenuamente tomar as experiências cruciais de proximidade ao morrer como determinantes, uma vez que, assim mostram alguns estudiosos, Montaigne já padecia do mal que havia de se intensificar com os anos e a experiência da queda, ela mesma, já teria ocorrido antes do início da escrita dos *Ensaios*; embora naturalmente a velhice e a doença avancem

---

20 *Montaigne: gentilhomme et essayiste*, p. 40 e, confessadamente, p. 77.
21 Idem, p. 75-76.
22 Muitos desses intérpretes baseiam-se, sobretudo, nas linhas finais da camada A do II, 6. Ver por exemplo: C. Lyas, That to Philosophise is to Learn How to Die *Philosophical Investigations*, p. 123, passim; J. Starobinski, Montaigne: des morts exemplaires à la vie sans exemples, *Critique*, n. 258 p. 932, passim.

com o passar do tempo. É antes a relação teórica de Montaigne com essas experiências que muda[23].

Villey entende a mudança de posição do autor dos *Ensaios* como resultante, além das experiências pessoais[24], da influência de leituras diferentes (preferência crescente por Plutarco e Lucrécio no lugar de Sêneca e Cícero[25]), empreendendo a monumental tarefa de rastreamento de pistas biográficas e bibliográficas (livros presentes em sua biblioteca, referências e citações etc.). Consideração tardia a partir dos restos de um rastro, o resultado dessa biografia intelectual bem como suas diretrizes têm sido contestados recentemente, sobretudo, mostrando-se que as relações de Montaigne com suas fontes são muito mais sutis e escorregadias e não podem servir de indícios seguros para as divisões rígidas da evolução farejada por Villey.

Como já havia dito na "Introdução", a relação de Montaigne com os papéis que lhe passavam sob os olhos é fluida. Uma das precipitações mais graves da genealogia de Villey é considerar a ocorrência de um índice certo ou quase certo de datação como próprio a um bloco geralmente delimitado em um capítulo. Ora, um traço característico do trabalho de Montaigne com as criações alheias é o recorte e a reelaboração, qual um novo quebra-cabeça cuja configuração é diversa do original. É perfeitamente possível que o escopo de alguns dos indicadores de Villey seja menos abrangente, sobretudo no caso de uso de exemplos; talvez esse escopo seja simplesmente uma parte do capítulo, um parágrafo, um período, uma frase ou ainda parte de uma frase. Uma citação explícita ou implícita não traz consigo a adoção do conjunto de um corpo de doutrina filosófica. No que tange às implícitas, que para nossos olhos zelosos pelos direitos autorais pareceriam plágio, não há uma atitude desleal de deturpação; levanto a hipótese de que depois de ler uma frase de seus autores prediletos, ela ressoava na mente de Montaigne no decorrer de seu dia a dia, harmonizada ou dissonante com os sons de sua vida, e flutuava proclamando independência das suas origens. Desse modo, as razões de assentimento e propósitos de destinação de uma ideia não necessariamente são os mesmos.

23 Como procurei mostrar no final de "A Predisposição", supra.
24 P. Villey, op. cit, v. II, p. 391.
25 Idem, p. 111.

Diante das considerações acima, só nos restam dúvidas céticas sobre a verdade e o alcance interpretativo das etiologias biográficas levantadas e, com o conhecimento que atualmente possuímos, de quaisquer outras que por ventura possam ser pensadas.

TERCEIRO ENFOQUE

Minha primeira atitude hermenêutica quanto a essa problemática da transição foi, diante da rebeldia do texto, procurar, a partir de um lastro textual preciso, estabelecer dois polos diametralmente opostos de relação com a morte apregoados ou sugeridos nos *Ensaios*, importando-me, primeiramente, menos a delimitação de fronteiras textuais e temporais do que a indagação sobre o poder dos argumentos e a construção de duas atitudes alternativas diante do morrer. Mas não basta ter documentado minhas afirmações sobre Montaigne com sua própria voz, como procurei fazer no que se passou até aqui; agora é necessário ainda um estudo de extensão e de fronteiras.

Uma vez aceitas a coerência de algumas passagens dos *Ensaios* umas com as outras e a oposição contra outras passagens, resta agora a tarefa de mostrar e demonstrar que, mais do que faces da filosofia da morte e do morrer em Montaigne, nós temos fases de sua evolução. Pretendo aqui apresentar apenas os mais importantes resultados do trabalho da cartografia textual que testa a hipótese evolucionista. Uma amostra do que poderia ser um mapeamento dos territórios e zonas fronteiriças encontra-se como um quadro no Apêndice. Para a infelizmente não de todo metafórica microscopia deste estudo, comparei as versões de 1580 e do exemplar de Bordeaux dos capítulos mais relevantes para o tema do presente livro, visto que as edições críticas atuais, ainda que apresentem todos os acréscimos, não fornecem todos os decréscimos e alterações, além de exibirem aqui e acolá erros de atribuição de um dado trecho a uma dada camada.

Os capítulos do primeiro livro, em sua primeira camada de publicação, tão próximos em conteúdo e espaço, formam uma rede coerente de ideias, do mesmo modo que os capítulos do terceiro livro formam uma outra rede de ideias interligadas, salvo nas passagens excepcionais que indiquei no "Apêndice". Assim, temos dois grandes blocos opostos entre si.

Espacialmente entre os dois grandes blocos referidos, há algumas passagens de texto no segundo livro, em sua primeira camada, além de excertos isolados, que constituem zonas de transição. Os excertos pontuais de transição foram transcritos e comentados no Apêndice. Quanto aos blocos de transição, temos:

No sexto capítulo do segundo livro, Montaigne continua afirmando a necessidade de experimentar o morrer, ou pelo menos, algo suficientemente semelhante a ele, como forma de obter resolução para o último dia, mas lança desconfianças sobre a força dos "discursos" e da imaginação para fornecer uma imagem fiel, sem, por enquanto, rejeitá-los. Com isso, a experiência crucial da queda é pensada, já não apenas como propulsora[26], mas ainda como auxiliar da simulação e não como sua substituta[27].

A "Apologia de Raymond Sebond", esse ensaio tão complexo e rico, contém, ademais de uma reafirmação do estatuto negativo da imaginação produtora[28], um ataque à doutrina que prescreve o uso metódico da imaginação[29] e uma concomitante constatação do valor da ignorância em ter efeitos éticos superiores, mais exatamente, a resolução, indiferença emocional ou contentamento alegre. Nesse contexto, insere-se a retomada do

---

26 Ver "A Predisposição", supra.
27 Algo semelhante acontece no II, 37, numa passagem específica indicada no "Apêndice", infra.
28 II, 12, p. 491A: "Combien en a rendu de malades la seule force de l'imagination?" (Quantos apenas pela força da imaginação adoeceram?, p. 237).
29 "Mais quand la science feroit par effect ce qu'ils disent, d'émousser et rabatre l'aigreur des infortunes qui nous suyvent, que fait elle que ce que fait beaucoup plus purement l'ignorance, et plus evidemment?", II, 12, p. 490A. (Mais ainda que a ciência fizesse efetivamente o que eles dizem – atenuar e diminuir o amargor dos infortúnios que nos perseguem – o que faz ela além do que faz muito mais puramente a ignorância, e mais evidentemente?, p. 236), lembremos que o termo *science* tem, para Montaigne, um sentido mais amplo que o atual, porém mais restrito que meramente *cognoissance*, pois significa algo como um conhecimento organizado, nutrido de livros mais do que de experiências, sendo que a própria noção de experiência, por sua vez, não se resume, em Montaigne, ao que se consagraria mais tarde no empirismo como uma captação de dados do mundo exterior através dos sentidos. Por *experiência*, entenda-se, sobretudo, vivências pessoais.

exemplo do porco de Pirro, realçando mais a importância do porco do que a do filósofo[30], bem como uma atenção a outros personagens tão ou quase tão ignorantes em sua facilidade em alcançar a resolução[31]. Em seguida, aparece a conhecida apologia da ignorância.

Não há, portanto, uma súbita revolução[32], todavia muito antes uma evolução, inclusive com idas e vindas. Não obstante tais idas e vindas[33], notamos que quanto à morte há pelo menos duas filosofias em Montaigne, possivelmente até mais de duas, se considerarmos que, não somente pela fatalidade da morte do autor em 1592, o texto é por si inacabado, inconcluso.

Além dos avanços já presentes na edição de 1580, devo também reconhecer alguns pontos isolados, presentes na edição de 1588 e nos acréscimos manuscritos, de retomada de algumas ideias ou práticas do método de simulação da morte. Esses pontos de retorno também estão exibidos e comentados no Apêndice. Considerados os trechos e passagens de idas e vindas referidos aqui e no Apêndice, acredito poder dizer que, na maior parte da edição de 1580 e 1582, Montaigne defende as ideias do ideal de simulação do morrer, e na maior parte dos ensaios e acréscimos posteriores, ele esposa a predisposição natural.

Não que eu queira com "a maioria" galgar uma vulnerabilidade interpretativa já não alcançada com a totalidade. Procurei montar uma leitura que abarcasse de modo coerente, mas sem artifícios, o maior número de léguas de texto. O fato de que algumas pegadas tenham permanecido fora do caminho é um convite a que outros, munidos de mais hábeis, porém

---

30 II, 12, p. 490A.
31 II, 12, p. 490A: "ausquels on void ordinairement beaucoup moins de ressentiment de mort [...] preparé de soy mesmes par habitude naturelle" ([homens] nos quais vemos habitualmente muito menos clamores sobre a morte [cada um deles] preparado por si mesmo por hábito natural, p. 236-237).
32 J. Brody acredita que P. Villey parece defender uma revolução muito mais do que uma evolução. Além dos exageros de P. Villey, tal julgamento exibe os do próprio Brody, entre eles negar qualquer mudança. Cf. *Lectures de Montaigne*, p. 94.
33 Como bem imagina C. Brush: "Até mesmo nos mais senequianos ensaios, Montaigne estivera consciente de que havia rachaduras na parede que ele desejava construir em torno de si próprio e que os alicerces desta poderiam ser fracos", *Montaigne and Bayle: Variations on the Theme of Skepticism*, p. 57, embora a citação (I, 10, p. 40A) que ele dá em apoio seja inapropriada, pois refere-se às fraquezas da capacidade de imaginar em geral e não à simulação da morte.

igualmente justos instrumentos hermenêuticos, venham se empenhar em abraçar a integralidade do livro, o que por ora está além do alcance de meus olhos míopes.

Além das remissões do texto à biografia pessoal ou intelectual de Montaigne, a fortuna crítica sobre os *Ensaios* ainda procurou escavar linhagens históricas para compreensão do texto. Aqui, preciso diferenciar dois conceitos metodológicos importantes: linhagem e linha de continuidade. A identificação de uma linha de continuidade não necessariamente supõe uma linhagem histórica. Uma linhagem é uma espécie de filiação reconhecida, ou seja, uma origem comprovada de conceitos ou teses, ao passo que uma linha de continuidade é apenas uma semelhança entre dois textos sem necessariamente haver filiação entre eles. Pois bem, conquanto pense que a tarefa filosófica na leitura de textos possa ser, entre outras, encontrar linhas de continuidade, a filosofia eventualmente poderá nutrir-se da tarefa historiográfica de verrumar linhagens desde que úteis na decisão entre possibilidades alternativas de interpretação. No próximo capítulo, empreenderei um sobrevoo histórico por diversas linhas de continuidade e linhagens eventualmente interessantes para a interpretação dos *Ensaios* – panorama esse que se deve menos a uma eventual exigência intrínseca a meu trabalho do que à minha própria necessidade de divertimento. Não sejam estas minhas considerações compreendidas, portanto, como pretensas provas de uma interpretação específica de uma suposta causa eficiente atuando implacável sobre nosso autor. Apesar de eu estar, com o próximo capítulo, promovendo ao corpo do texto as observações historiográficas que, ao longo do restante do livro, satisfazem-se com a condição de notas de pé de página, elas visam muito mais ampliar espaços imagináveis de leitura do que restringi-los.

5. Observações Históricas

As fontes em que Montaigne bebeu foram variadas, entretanto posso agrupar as diversas linhagens que para sua filosofia da morte se propuseram em dois grandes blocos: a literatura e a filosofia da Antiguidade clássica (principalmente, latina) e a cultura renascentista. Acredito que tal agrupamento não é meramente didático, pois temos com ele porções suscetíveis de serem facilmente distintas, embora obviamente as linhagens se entrelacem e muitas do segundo grupo derivem de algumas do primeiro. Gostaria de começar por um passeio pelas filosofias clássicas da morte que antecederam as de Montaigne.

POSSÍVEIS INFLUÊNCIAS
GREGAS E ROMANAS

A filosofia desde seu início se debateu ainda que camufladamente com a morte: então, não foram os pré-socráticos que, constatando a alternância incessante entre geração e corrupção, vida e morte, procuraram a permanência de um princípio? Mas é apenas com Demócrito que começa a se delinear a grande linhagem naturalista que tem em Epicuro e Lucrécio seus outros pontos altos na Antiguidade. A procura, central nesse período e fundadora da filosofia, de um princípio explicativo único efetivou-se, com o sábio de Abdera, numa negação radical da imortalidade do ser humano, plenamente inserido no ciclo constante da natureza. O atomismo democriteano não somente não precisava de nenhuma referência a intervenções divinas, como ainda repelia qualquer recurso à esperança na eternidade da nossa alma, embora ele, assim como seus sucessores[1], não negue a existência de deuses imortais. Não devemos criar "fábulas" que acabam servindo apenas para nos iludir[2] e devemos nos desfazer de esperanças sem sentido[3], pois os bens certos são preferíveis aos futuros e incertos[4]. Assim, já se faz ver a atuação de sua ética da medida: nossos desejos, crenças e esperanças têm graus diferentes de exequibilidade, de possibilidade de satisfação; devemos conferir nosso assentimento àquilo que está na medida de nosso alcance e (ou) ao que não nos faz desviar de outras carências e esperanças mais próximas[5]. Helmut Arzt faz notar que Demócrito não se utiliza de nenhuma consolação mítica contra o medo da morte, pois sua noção de desejo prescinde da realização futura postulada na filosofia platônica. O desejo para Demócrito não seria uma busca infinita ou indefinida, mas tão somente um momentâneo desequilíbrio ou tensão entre compostos atômicos e a subsequente tendência em eliminá-lo[6], o que se conforma com sua noção cíclica de bem-estar.

---

1 Epicuro, *Carta Sobre a Felicidade*, p. 24.
2 J. Dumont et al, *Les Présocratiques*, fragmento 68B297.
3 68B292: "De Demócrito: as esperanças dos insensatos são irrazoáveis".
4 68B295: "O velho foi jovem, mas quanto ao jovem homem, não se sabe se ele chegará à velhice. Portanto, o bem alcançado supera o bem ainda a vir que nós desconhecemos".
5 68B202: "Os insensatos desejam o que não têm, mas negligenciam o que têm sob a mão e que é mais útil do que aquilo que deixaram passar".
6 H. Arzt diz ainda que a noção de desejo em Platão é infinita. Parece-me que essa seria uma expressão intolerável para o filósofo ateniense; na verdade, o desejo de saber platônico tem um limite determinado no seu contato pós-morte com as ideias puras que constituem fundamentalmente a realidade. Cf. *Die pragmatische Lebenslehre des Demokrit und die transzendentale Begründung der Ethik seitens der Ideenfreunde*, em *Proceedings of the 1st International Congress on Democritus*, p. 90

OBSERVAÇÕES HISTÓRICAS

Em alternativa ao caminho aberto por Demócrito, a filosofia platônica exibida no *Fédon* muito mais do que nos outros diálogos, apresenta como traços marcantes a crença na imortalidade da alma e, como sugeri no capítulo 2, uma visão sagital da vida e da morte. Embebido de tradições filosóficas (por exemplo, pitagorismo) e religiosas[7] (órficas, por exemplo), esse Platão é justamente aquele que dá o pontapé inicial na linhagem desse modo de ver o tempo humano em sua totalidade. Mas não há uma linearidade perfeita, visto que o filósofo ateniense acredita na metempsicose, ou seja, num retorno das almas em outros corpos.

Ao contrário do que diz o lema que tanto orgulha platônicos, a história da filosofia da morte não é um conjunto de notas de pé de página ao autor do *Fédon*, mas sim, em parte e se tanto, uma sequência de notas às notas (e assim por diante) de pé de página a Platão, pois a preparação para a morte assumiu ao longo do tempo feições e efeitos diversos dos seus iniciais. Além disso, o principal motor de muitas das reflexões éticas sobre o morrer e a morte entre os antigos foram os próprios eventos da vida de Sócrates. A morte de Sócrates, ainda que injustamente determinada, é racionalmente aceita, vivida sem sofrimento, com altivez.

Uma vez oferecido, na Antiguidade, esse modelo resoluto e sereno, que não foi exclusividade dos diálogos platônicos[8], desse grande filósofo que nada nos deixara por escrito, procurou-se elaborar reconstruções teóricas e doutrinárias objetivando a reprodução do que havia de virtuoso em sua atitude[9]. Parece-me que o período helenístico, na construção da atitude do sábio perante a morte que ecoa a de um núcleo propriamente socrático, incorporou muitos elementos da estratégia naturalista de Demócrito. Epicuro foi o continuador, nesse momento, do legado do filósofo abderita.

---

7   R. Guardini vê, nos quatro diálogos platônicos com referência à morte de Sócrates (*Eutífron, Apologia, Críton, Fédon*), a piedade religiosa e não apenas uma confiança na razão. Cf. *Der Tod des Sokrates*, p. 72.
8   A morte de Sócrates foi a mais bela de todas (Xenofonte, *Ditos e Feitos Memoráveis de Sócrates*, IV, 8, 1-3). Cf. Platão, *Fédon*, 59e-60a e obviamente 117b-d.
9   O. Gigon rastreia parte do que restou dessa fertilidade em textos que procuraram retomar o *Fédon*. Cf. Einleitung, em Platão, *Meisterdialoge*, p. IX-X.

Epicuro também desaconselha o pavor de morrer[10], o que definitivamente não implica um desejo pela morte ou desgosto pela vida[11], dada sua ênfase na necessidade de viver bem o tempo de vida, uma vez reconhecido como curto[12]. Diante disso, Epicuro faz uma classificação dos desejos[13], tendo em mente o fato de que as limitações a que estamos incontornavelmente sujeitos, como a morte ou o futuro que está fora do nosso poder, tornam alguns deles descabidos, insensatos[14]. Daí o autor da *Carta sobre a Felicidade* recomendar a autossuficiência e o comedimento, pois se formos capazes de nos contentar com pouco, também seremos em resistir melhor às adversidades que o futuro nos esconde[15]. Esse comedimento deve sempre buscar a ausência de atribulações – a tranquilidade[16].

Lucrécio de modo mais incisivo e explícito, até onde posso ver, aconselha-nos dois principais caminhos de supressão (ou prevenção contra) o medo da morte: um deles cognitivo, o outro ético[17]. O primeiro consiste num conhecimento que se pretende absolutamente certo e verdadeiro sobre a natureza da morte (ou seja, aquilo que vem após essa vida), ciência essa que ocupa quase todo o recheio do terceiro livro do *Da Natureza das Coisas*. O conceito de morte do atomismo não é, a rigor, o da não vida[18], só o vácuo é absolutamente nada; o sentido de *morte* mais frequente é de decomposição de uma forma composta de átomos. A propósito, é mais que uma curiosidade notar que quase toda a argumentação de Lucrécio no livro III é uma inversão de um dos principais argumentos do *Fédon*: como a alma é divisível, ela é mortal. Ao travar conhecimento que não há vida depois da morte, que nosso corpo há de perecer e se decompor sem dor, já não temos,

---

10 Op. cit., p. 27 e s.
11 Idem, p. 30-32: é tolo dizer que seria bom não termos nascido.
12 Idem, p. 30.
13 Idem, p. 32: "naturais e inúteis; entre os naturais: necessários e só naturais; entre os necessários: necessários à felicidade, ao corpo e à própria vida."
14 Idem, ibidem.
15 Idem, p. 40 e 42.
16 Idem, p. 42.
17 Parece haver também algo como um caminho estético em: II, v. 44-46, o espetáculo da guerra nos livra do medo da morte. Algo semelhante em Montaigne, I, 20, p. 96A.
18 Ao contrário do que diz M. Conche, *Montaigne et la philosophie*, p. 45.

segundo o poeta romano, medo de morrer[19], esse verdadeiro entrave ao gozo puro dos prazeres da vida[20]. Nesse contexto, encontra-se a reprovação e até mesmo zombaria que Lucrécio empreende contra os poetas sacros (Ênio, principalmente) e todos aqueles que creem nos horríveis castigos depois da morte[21]; bem entendido, o que Lucrécio reprime nos supersticiosos é o medo não do desconhecido, mas de um pretenso conhecimento que ele próprio julga falso. Quando não mais existirmos, não mais sentiremos dor[22]. Com isso, Lucrécio está supondo que a validade de ocorrência do medo só pode manisfestar-se diante da possibilidade real e presente de sentir dor e sofrimento.

O universo para Lucrécio é um movimento contínuo, a vida, em seu todo, jamais se extinguirá[23]. Ao morrer, perdemos os contornos que nos individuam, misturando-nos novamente ao todo da natureza e a seu ciclo: a morte de uns é substituída pela vida de outros[24].

Quanto ao caminho ético, o aconselhamento de moderação pervade os versos de Lucrécio. Embora ele reconheça que ser um "vaso sem fundo" é próprio da natureza humana[25], Lucrécio reafirma a ideia já presente em Demócrito de que nossos desejos são cíclicos. O homem que não aceita a morte, assim se sente por querer sempre mais e não se contentar com o que tem[26]. Além do medo de morrer propriamente, o que incomoda Lucrécio é o fato de que, pelo desejo de viver mais a todo o

19 É recorrente a comparação com as crianças que têm medo do escuro, mas que o perdem uma vez acesas as luzes: II, v. 55-57; III, v. 87-90; VI, v. 35-38.
20 III, v. 37-40. Lucrécio arrola ainda efeitos sociais e éticos nocivos do temor da morte: III, v. 59-64, e o suicídio pode ser um deles: III, 79-82, embora em outros momentos Lucrécio aparente defender o suicídio (III, v. 944-945), dada a monotonia da vida.
21 *De la nature*, I, v. 110-111; III, v. 612-614.
22 III, v. 837-842.
23 II, v. 569-572.
24 III, v. 964-965.
25 III, v. 1003-1010: "animi ingratam naturam" (a ingrata natureza do espírito). O próprio amor seria ilimitado: "Unaque res haec est, cujus quam plurima habemus / tam magis ardescit dira cuppedine pectus" (É uma coisa que quanto mais temos, mais incendeia o peito com um apetite terrível), IV, v. 1089-1090. Cf. J. Salem, *Lucrèce et l'Éthique*, p. 177-179.
26 III, v. 957-960. Em bela passagem, Lucrécio compara as ambições excessivas dos homens ao esforço de Sísifo em levar a pedra ao topo da montanha: o resultado é fatalmente o fracasso.

custo, as pessoas acabem adotando atitudes ilícitas e nada honrosas (por exemplo, trair a pátria, não agir corajosamente)[27]. O diagnóstico lucreciano da patologia do temor da morte não é cego também ao nosso deslize na relação com o tempo: tememos o futuro e sentimos remorso pelo que de mal fizemos no passado[28]. Por meio do exercício consciente da moderação (e não de um ascetismo progressivo), podemos extirpar o desejo excessivo de vida[29].

A influência da linhagem naturalista sobre Montaigne é claríssima e se fez valer na leitura de Diógenes Laércio e, principalmente, de Lucrécio.

O ecletismo de Cícero é em geral tão conhecido quanto é inegável sua maior proximidade aos estoicos e a Platão, especificamente sobre as reflexões metafísicas e éticas da morte[30]. Com Platão, Cícero esposa uma defesa que se pretende racional[31] da certeza da imortalidade da alma[32], graças à qual podemos dizer que a morte não é um mal[33] e não menos platônica é a afirmação do ideal ascético como preparação para a morte, mais exatamente, para a vida pós-morte[34]. O elemento tipicamente estoico adicionado a esse quadro já esboçado no *Fédon* é o preceito de meditação sobre os aparentes males futuros, principalmente, o

---

27 III, v. 85-86. Nisso, Lucrécio é frontalmente reprimido por Voltaire: "a crença no castigo pós-morte é necessária, moral, social e civilmente", *Dictionnaire Philosophique*, p. 178.

28 III, v. 824-827.

29 Esse argumento deixa claro que, contra o que diz Bayle, Lucrécio não combate apenas o medo do sofrimento no além, mas igualmente o temor de perder a vida. Cf. "Lucrèce", *Dictionnaire historique et critique*, p. 527.

30 Segundo Gigon, nenhum texto da Antiguidade está mais próximo do "espírito do *Fédon*" do que as *Tusculanas*. Cf. op. cit., p. xi.

31 *Tusculanae*, I, 17.

32 É interessante que o principal argumento, segundo o próprio Cícero, em favor da imortalidade seja o de que nossa natureza tem uma sede própria pelo futuro e, ainda que silenciosamente, preocupa-se pelo que pode haver depois da vida: "omnibus curae sint, et maxime quidem, quae post mortem futura sint", *Tusculanae*, I, 14, ver também *De Senectute*, xix, 66.

33 Segundo Cícero, não devemos fazer muito caso desta vida, se temos a eternidade: "Confer nostram longissimam aetatem cum aeternitate, in eadem propemodum brevitate qua illae bestiolae [que vivem apenas um dia] reperiemur", *Tusculanae*, I, 31 e I, 39, ver também em *De Senectute*, xix, 67.

34 "Secernere autem a corpore animum, nec quicquam aliud est mori discere", *Tusculanae*, I, 31.

morrer e a morte[35]. Também se faz presente o elogio ao ócio[36], à moderação[37], à manutenção da vida ativa até o último momento[38] e uma valorização muito recorrente da bela morte, mormente, da morte em guerra pela pátria[39]. Embora Cícero reconheça o caráter natural do medo da morte (reconhecido nas crianças, nos animais e na maioria dos homens), o grande orador romano mesmo assim o reputa como vicioso e extirpável[40]. É ainda digna de menção sua implicância contra os filósofos da linhagem naturalista (por exemplo, contra Demócrito[41], Dicearco[42] e outros[43]).

Montaigne tomou de Cícero exclusivamente o componente estoico da mesma forma que tomou do Sócrates do *Fédon* apenas a atitude e não a defesa da imortalidade da alma individual.

Embora alguns dos estoicos tenham subscrito o ideal de preparação para a morte de origem platônica, eles incorporaram uma série de constatações e doutrinas que podem ser reconhecidas como típicas da tradição naturalista.

Sêneca retoma a aplicação do conselho de moderação ao problema da morte, ao dizer que achamos a vida curta e não aceitamos morrer[44] em razão de não a aproveitarmos devidamente e querermos estendê-la mais[45]. Aqui se coloca a recomendação

---

35 Idem, III, 16; *De Senectute*, XX, 74.
36 *Tusculanae*, I, 1.
37 "Omnium autem perturbationum fontem esse dicunt intemperantiam", *Tusculanae*, livro IV, 9, 22. *De Senectute*, III, 7. Também há uma aplicação do ideal de comedimento quanto ao tempo desta vida: *De Senectute*, XIX, 69: "Quod cuique temporis ad vivendum datur eo debet esse contentus".
38 *De Senectute*, V, 13.
39 Os exemplos são muitos e Cícero até mesmo apresenta amiúde o argumento pragmático e político de que apenas sob efeito da crença na imortalidade e na glória é possível aos homens a coragem de morrer bravamente: I, 15, "Nemo umquam sine magna spe immortalitatis se pro patria offerret ad mortem" (Jamais alguém sem a grande esperança na imortalidade se ofereceria à morte pela pátria); I, 37-38; I, 40; I, 46; I, 48; *De Senectute*, XXIII, 82; *De Finibus*, II, XXX, 97.
40 *De Finibus*, V, XI, 31.
41 *Tusculanae*, I, 11.
42 Idem, I, 18.
43 Idem, I, 21 e contra Epicuro, no *De Finibus*, II, XXX, 96.
44 Sêneca zomba dos que temem a morte quando ela se aproxima. Devido à patente repetitividade do estilo de Sêneca, as citações e referências serão dadas apenas às ocorrências mais lapidares ou às primeiras em ordem de aparição nas *Epistulae*. Cf. *De brevitate vitae*, VIII, 2.
45 Sêneca retoma a metáfora do vaso sem fundo de Lucrécio em *De brevitate vitae*, X, 5.

típica da linhagem naturalista e do período helenístico de aproveitamento do tempo e de supressão dos deslizes temporais que certas afecções nos causam[46]. O âmago e motor desses desvios é uma entrega desbragada aos nossos desejos e às exigências alheias[47]. Assim sendo, devemos aprender a viver, tendo aprendido que vamos morrer[48]. E, como podemos morrer a qualquer momento, não devemos nos apegar a "bens fortuitos"[49] nem criar projetos com alvos a longa distância, sem que isso signifique uma atitude leviana de querer recomeçar tudo a cada dia[50]. A expectativa excessivamente dilatada de alcance de fins futuros faz com que percamos o presente e gera o medo[51]. Não devemos desperdiçar nossa vida[52], embora não se deva, para Sêneca, recair no extremo de uma tentativa de completa prisão ao presente[53], pois é necessário manter uma relação saudável de bom uso dos três tempos: passado, presente e futuro[54]. Em que pesem todas essas recomendações de lembrança da nossa condição mortal e de contenção dentro de seus limites, Sêneca parece ainda desejar um prolongamento da existência e até mesmo alguma espécie de imortalidade[55].

Mas não basta, para o moralista das *Cartas Sobre a Felicidade*, o exercício da moderação. Ela há de se unir à meditação sobre os males futuros para levar-nos à constância (e não apenas à aparência de constância[56]) não só durante a vida, mas

---

46 Cf. Sêneca, *De brevitate vitae*, VII, 8 e E XVI, 1. *Epistulae...*, I. "Praecipitat quisque vitam suam et futuri desiderio laborat, praesentim taedio".
47 Idem, III, 4 (desejamos tudo como se fôssemos imortais) e II, 4 ("nemo se sibi vindicat, alius in alium consumitur").
48 Idem, VII, 3-4: "vivere tota vita discendum est et [...] tota vita discendum est mori".
49 *Epistulae*, VIII, 3.
50 Idem, XIII, 16. Um exemplo ficcional do que seria a tentativa extrema dessa "hominum levitas" está no filme *A Concepção*, de José Eduardo Belmonte.
51 *Epistulae*, V, 7: "spem metus sequitur".
52 Cf. Sêneca, *De brevitate vitae*, IX, 1. "Maximum vivendi impedimentum est expectatio, quae pendet ex crastino, perdit hodiernum" (O maior obstáculo da vida é a esperança que, dependendo do amanhã, perde o hoje).
53 Sêneca, *De brevitate vitae*, II, 2 e X, 6.
54 Idem, X, 5 (nossa relação com o tempo deve primar pela quietude) e XV, 5.
55 Sêneca, *De brevitate vitae*, I, 4 (com a boa gestão do tempo, podemos obter um acréscimo em extensão de vida) e XV, 4: com a filosofia e apenas com ela, podemos "prolongar a mortalidade" ("extendendae mortalitatis") até uma "imortalidade".
56 *Epistulae*, V, 1.

até mesmo no momento de morrer[57]. A constância e destemor perante a morte acarretam o destemor a respeito de qualquer coisa na vida[58]. Na definição da independência que constitui parte indispensável da constância, Sêneca diz que o sábio sente os incômodos da dor, da velhice e da pobreza, mas os vence[59], o que se assemelha a alguns usos do termo *nonchalance* em Montaigne. Os elogios a Catão e Sócrates como instanciações desses ideais são ainda mais repetitivos, insistentes e, sobretudo, mais cegos do que nos *Ensaios*[60].

A reflexão sobre a morte preconizada por Sêneca não visa, em seus princípios, de modo algum, a aumentar as dores efetivas ou possíveis pelos excessos da imaginação das impossíveis ou pouco prováveis[61]. Trata-se antes de, com seriedade[62], procurar, pelo exercício contínuo, adequar nossa mente e sentimentos à vontade[63]; exercício esse que é incitado no próprio correr de nossas vidas[64].

Sem dúvida, o grande filósofo e tragediógrafo romano está muito próximo da linhagem naturalista, uma vez que afirma o tempo plenamente cíclico de vida e morte[65] e não confia dogmaticamente nos castigos ou prêmios pós-morte[66]. Algumas de suas estratégias argumentativas são, inclusive, as mesmas das de Lucrécio: como a da insensibilidade antes do nascimento e depois da morte, entre outras[67].

Montaigne com impressionante frequência usa, torce e distorce Sêneca em vários lugares[68]. Devemos rejeitar como

57 Idem, IV, 5.
58 Idem, IV, 8.
59 Idem, IX, 2.
60 Idem, XI, 10; XIII, 14; LXXI, 17. Elogios também à morte pela pátria LXXVI, 27.
61 Idem, XIII, 4.
62 Idem, XXIII, 4.
63 Idem, XVI, 1.
64 Idem, CI, 1: "Omnis dies, omnis hora quam nihil simus ostendit" (Todo dia, toda hora mostra que nada somos). Há várias referências ao morrer intravital com a mesma função de lembrete nesse contexto.
65 Idem, XXIV, 26: "Nullus rei finis est, sed in orbem nexa sunt omnia, fugiunt ac secuntur" (Nada tem um fim, todas as coisas estão entrelaçadas no mundo, fogem e seguem-se).
66 Idem, XXIV, 18, ressalvada a citação do *De brevitate*, referida há pouco.
67 Idem, XXXVI. A identidade entre morte antes e depois da nossa vida, chamada por Luper de "argumento da simetria", está mais explícita na carta LIV, 4-5.
68 Segundo P. Villey nos capítulos: I, 14; I, 20, I, 39; I, 42; II, 3. Cf *Les Sources et L'Evolution des* Essais *de Montaigne*, I, p. 239.

patente exagero a ideia de Friedrich de que Sêneca serve a Montaigne de modo exclusivo como psicólogo e não como filósofo moral normativo[69], pois visivelmente Sêneca é muito mais normativo do que Montaigne (compare-se o número de imperativos e formas de aconselhamento nas *Cartas Morais a Lucílio* e nos *Ensaios*), e alguns dos imperativos de Montaigne foram claramente tomados do filósofo romano. Sêneca não procura vasculhar as camadas mais interiores da subjetividade como o faz Montaigne.

Nos períodos helenístico e imperial, entra em voga um estilo literário e filosófico muito fértil – a consolação – incorporando ecleticamente vários dos argumentos sobre o morrer e a morte das filosofias anteriores e da época. O tema do ciclo incessante entre morte e vida é um lugar-comum no gênero[70]. Também é recorrente o crédito de maior importância sobre a qualidade e intensidade das vivências do que sobre a extensão de vida[71]. Montaigne decerto leu os maiores expoentes do gênero – as cartas de Plutarco e Sêneca –, mas não me parece que elas acrescentem algo à compreensão dos *Ensaios* que já não tenha sido elucidado pelo estudo dos outros textos da Antiguidade.

Como exposto acima, a crença de que há uma solução cognitiva para a dissolução do medo da morte é comum à tradição que provém de Platão, passa por Cícero e chega aos naturalistas, embora divirjam quanto ao conteúdo do conhecimento pretensamente racional a respeito.

O cordão umbilical que ligava a filosofia da morte ao Sócrates platônico prestes a tomar cicuta não fora, contudo, cortado de vez, muito antes reformulado com seu batismo no interior da filosofia de Agostinho. Foi o mestre do Ocidente, de modo mais claro do que nunca antes, que pensou o tempo como uma linha – já não mais um círculo – e o contrapôs radicalmente à eternidade, por isso preferi chamar a linhagem que se contrapõe aos naturalistas de *augustiniana* e não de *platônica*. Nesse sentido, encontram-se as várias instâncias da crítica de Agostinho à concepção cíclica dos antigos no que diz respeito à ordem

---

69 *Montaigne*, p. 86.
70 Por exemplo, em Plutarco, *Consolation à Apollonios*, 106d-f.
71 Plutarco, op. cit., 111a-d. Cf. Sêneca, *De Brevitate vitae*.

total do universo[72], à ordem da história e ao lugar do homem e sua alma nessas duas ordens[73].

À linhagem agostiniana, em todas suas diversas atualizações e reformulações[74], foi particularmente cara a negação da continuidade da linha no ciclo de transformações da natureza em favor da afirmação de uma continuidade com o que está além da natureza e do tempo e, isso também ou, para alguns pensadores, antes de tudo, graças ao horror à possibilidade de descontinuidade. Essa continuidade integradora do homem na vida sempiterna seria uma restituição à felicidade paradisíaca perdida, mas num novo patamar. Procurarei expor resumidamente como o problema da morte se encaixa dentro desse novo quadro ontológico, cosmológico e antropológico marcado pela queda.

Agostinho introduz uma distinção de suma relevância entre primeira morte (no sentido de instante da morte ou momentos finais da vida) e segunda morte (no sentido daquilo que vem após essa vida[75]), sendo a primeira (para nós, inevitável) aplicada a todo o gênero humano, em sua história, originariamente devido à queda pecaminosa do primeiro homem[76] e a segunda (que pode ser evitada), em razão dos pecados individuais de cada homem em sua própria vida[77]. A segunda morte, é necessário esclarecer, não se há de confundir com a inexistência absoluta. Agostinho, contudo, acredita ser legítimo o uso do termo "morte no caso, pois se trata da aplicação ao ímpio

---

72 Veja-se sua rejeição da tese de algo como um eterno retorno. É particularmente instigante como, principalmente nesse capítulo 21, a crítica de Agostinho à circularidade no pensamento neoplatônico, platônico e até mesmo a toda a filosofia da natureza da morte no mundo antigo – crítica essa que inicialmente estava concentrando-se sobre argumentos cosmológicos e teológicos – passa a adquirir o aspecto de um enfoque psicológico e moral, analisando o homem em seu abandono e em suas vivências de medo e esperança. Cf. Agostinho, *De Civitate Dei contra paganos*, XII, 13, 21.

73 Aqui o neoplatônico Porfírio é um intermediário entre Platão e Agostinho, por ter negado que a alma dos seres humanos possa transmigrar para o corpo dos animais, embora aceite a possibilidade de reencarnação evolutiva, do que Agostinho discorda, cf. *De Civitate Dei*, X, 30.

74 Como lista de referência para visualizar o que estou chamando de linhagem augustiniana, sejam lembrados seus pontos altos: Pascal, Kierkegaard e Chestov.

75 *De Civitate Dei*, XIII, 2.

76 Idem, XIII, 3.

77 Idem, XX, 15.

do sofrimento ininterrupto[78], o que, para o bispo de Hipona, é como uma morte.

Não há qualquer privilégio de uma preparação para a primeira morte, pois o mais importante é a preparação ao longo de toda a vida para evitar a segunda morte e alcançar a vida eterna, preparação essa que consiste numa retenção na entrega aos bens e prazeres dessa vida[79], e não numa simulação mental de ameaças específicas de morte. O que importa para Agostinho não é o acidente causador da morte, mas aquilo que se segue a ela e o modo pelo qual nos portamos, paciente e esperançosamente suportando os sofrimentos terrenos[80], e também não interessa ao cristão o que é feito de sua carne, pois é a sua alma a portadora da segunda morte ou da beatitude eterna[81]. De igual modo, os cristãos não devem lamentar-se pela perda das coisas dessa vida com a primeira morte[82].

Deve-se suportar os males do presente, inclusive, a morte em nome da glória eterna e verdadeira que se há de alcançar depois dessa vida[83]. Assim, se para os primeiros homens, a primeira morte foi, antes de tudo, um castigo, para o cristão deve ser entendida como uma oportunidade (ou uma espécie de teste ou provação[84]) para que Deus lhe conceda a graça da felicidade eterna[85], sem que, por isso, a morte primeira deva ser considerada como um bem em si[86]. Há, portanto, um elogio ao comportamento no último dia[87]. Contudo, com a *Cidade de Deus*, a figura do herói guerreiro, do homem público probo e do sábio – todos impassíveis e desteme-

---

78 Idem, XIII, 2, 11.
79 Idem, I, 9. A condenação da *praevaricatio* é, parece-me, notadamente frequente em toda obra (XIII, 13, por exemplo), o que não implica dizer que o corpo pura e simplesmente é um fardo para a alma, mas sim o corpo corrompido (*Corruptibile*, XIII, 16).
80 "Nulla quippe maior et peior est mors, quam ubi non moritur mors", ver *De Civitate Dei*, V, 12. "Mala mors putanda non est quam bona vita praecesserit. Neque enim facit malam mortem, nisi quod sequitur mortem", I, 11. A última frase é citada por Montaigne em I, 14, p. 56C, acrescentando-lhe uma ponderação de que nem o que vem antes nem depois diz respeito à morte, ver infra "Do Temor da Morte".
81 *De Civitate Dei*, I, 12.
82 Idem, I, 10. É vão (*vanitate*) querer encontrar aqui o sumo bem: XIX, 4.
83 Idem, I, 24; V, 18; XIII, 4.
84 Idem, XXI, 14: *temptatio*.
85 Idem, XIII, 3.
86 Idem, XIII, 5.
87 Idem, I, 11.

rosos no momento de morrer para alcançar a imortalidade (sobretudo) na memória dos homens – retira-se do palco para dar lugar à imagem do mártir que, não abrindo mão de suas crenças nem da virtude da justiça, não teme a morte com o intuito de alcançar a graça divina. Assim, o mártir reproduz a morte do próprio Cristo, lenta, sofrida, porém digna. É mais do que relevante notar como a morte do Cristo na cruz difere da de Sócrates, as quais a tradição ocidental tantas vezes assemelhou. O Cristo sofredor atrai, qual um ímã emocional e retórico, a compaixão dos homens, suas testemunhas, e de Deus, seu juiz-mor. Em contrapartida, ao exigir que mulheres e crianças sejam retiradas no tribunal e nos instantes finais, Sócrates rejeita a compaixão, pois se considera justificada e racionalmente digno da bem-aventurança pós-cicuta[88]. E impressiona que não haja, como já disse, modelos cristãos de morte nos *Ensaios* e que seja Sócrates seu principal herói.

Especificamente no que tange ao medo da primeira morte, Agostinho parece depositar, até certo ponto, alguma confiança no poder da razão em dissipar o citado temor[89], no entanto, este só poderá ser devidamente supresso pela fé e pela graça de Deus com o intermédio de Cristo[90]. Sem embargo, o temor pela segunda morte jamais poderá ser eliminado e é até mesmo útil em conduzir o homem a uma vida pia[91] e nisso, na constatação de um medo fundamental e inextirpável, o padre da Igreja se diferencia de todos os autores antigos pagãos com que trabalhei até aqui[92].

Ainda seguindo a *Cidade de Deus*, a felicidade consiste em viver como e quanto se quer. Ora, durante essa vida, o homem não pode viver da forma que quer pelo fato de não poder viver quanto quiser. O mestre de Hipona, então, levanta duas objeções eventuais a essa afirmação: alguém pode querer morrer

---

88 Para J. Brun a morte de Sócrates é pensada e a de Cristo, sentida. Cf. A Morte de Sócrates, *Sócrates, Platão, Aristóteles*, p. 99-100, ver também F. Nietzsche, *Die Geburt der Tragödie*, §15. p. 99, em que toda a vida e a morte de Sócrates é "justificada"; e F. Nietzsche, *Das Problem des Sokrates*, §§1 e 10.
89 *De Civitate Dei*, I, 11: "mentis ratio diligenter enucleata convincit";; ver também IX, 14.
90 Idem, IX, 15.
91 Idem, XIX, 7, 8.
92 Parece-me, como já observou L. Feuerbach, que esse era o ponto comum de chegada das reflexões sobre a morte entre gregos e romanos. Cf. *Gedanken über Tod und Unsterblichkeit*, p. 3, n.

ou simplesmente pode querer apenas o que pode obter e assim ser feliz. Em sua refutação à primeira possibilidade, ele diz que, mesmo que se queira morrer, o ser humano ainda assim não vai viver como quer, pois não vai viver absolutamente. Quanto à segunda, ele argumenta: se alguém deseja e ama as coisas e pessoas que ele pode ter, também deseja e ama a vida, pela qual é possível amar, desejar e ter tais coisas. Ora, como a vida é condição para amar e desejar essas coisas, é necessário que ele a queira acima de tudo o mais, inclusive acima dessas coisas. Por conseguinte, necessariamente, ele precisa querer continuar vivendo, sempre[93]. Fiz questão em seguir de perto e com minúcia essa argumentação, pois ela visa (ainda que não nomeadamente em Agostinho) a desmontar a pretensão de aplicabilidade da ética do comedimento e da moderação à extensão do tempo de vida, aplicação que já estava presente na linhagem naturalista desde Demócrito. O conceito de felicidade plena, com isso, é sobremaneira diverso da noção de equilíbrio ou da ausência de males. Não basta a fruição de um prazer ou a satisfação de um desejo para que nos qualifiquemos felizes; é imprescindível adicionar a perspectiva, mais que isso, a certeza de perpetuação desse estado de fruição sempiternamente[94].

Seria insuportável, em sua opinião, viver sob a incerteza da duração da felicidade ou infelicidade pela qual estamos passando – se vai durar para sempre ou não[95]. Portanto, segundo o padre da Igreja, é próprio da natureza humana desejar a vida eterna e apenas a fé revelada e verdadeira pode satisfazer a esse desejo[96].

---

[93] Todo esse parágrafo está baseado em *De Civitate Dei*, XIX, 25, em que Agostinho arremata: "Tunc igitur beata [vida] erit quando aeterna erit" (Então, a vida será feliz quando for eterna). Cícero, de modo análogo, critica Epicuro quanto à aplicabilidade à vida do preceito de moderação, se aceitássemos que o prazer é o bem supremo (*De Finibus*, II, xxvii, 87-88).

[94] Com essa preferência irrecusável pelo permanente, mais uma vez, Agostinho opõe-se à tradição naturalista ou mais exatamente estóica, bem exemplificada pelo *De brevitate vitae* de Sêneca. Cf. *De Civitate Dei*, XIX, 4. Leia-se, em contrapartida, M. Conche, esse helenista contemporâneo que critica a insensatez do "fantôme quantitatif" de querer viver sempre. Cf. *Montaigne ou la conscience heureuse*, p. 30-31.

[95] Cf. *De Civitate Dei*, XII, 21. Acrescente-se que é patente o reflexo de tais ideias no pensamento e no coração de B. Pascal.

[96] Aí temos uma limitação do poder da razão puramente humana. Cf. *De Civitate Dei*, X, 29.

Obviamente a filosofia sobre a morte na Idade Média ocidental brotou das crenças religiosas reveladas nas Escrituras e assentadas conceitualmente nos livros de Agostinho e outros, sem que a posterior influência de algum Aristóteles fosse capaz de minorar a força da linhagem agostiniana sobre o Ocidente. Posso dizer, baseando-me nos estudos de Villey, que os indícios de uma absorção da cultura filosófica desse período por Montaigne são quase nulos, tanto mais no tema de que me ocupo.

O fato de que alguns filósofos e pensadores apresentem tendências das duas linhagens (naturalista e agostiniana) não invalida a distinção entre elas, mas deve-se admitir que qualquer filósofo coerente deva ter alguma delas como predominante, uma vez que são contrárias em alguns tópicos centrais.

POSSÍVEIS INFLUÊNCIAS DA CULTURA MEDIEVAL E RENASCENTISTA

Cabe, a partir de agora, estudar o outro grande bloco de linhagens ou, pelo menos, linhas de continuidade. Há na cultura escrita e não escrita, culta e popular no final da Idade Média e no Renascimento um conjunto de ideias e práticas sobre o morrer e a morte que, conspira-se, poderia ter influenciado as reflexões do prefeito de Bordeaux. No que segue, apontarei algumas características gerais da história daquelas atitudes e doutrinas na aurora da modernidade, realçando pontos comuns.

Analisando, precipuamente, o que restou como testemunho da cultura popular ou de costumes difundidos ao longo do tempo, Ariès descreve as posturas do Ocidente cristão frente à morte, passando por cinco estágios, desde a alta Idade Média até nossos dias: a morte domesticada, a morte de si, a morte longínqua e próxima, a tua morte e a morte invertida. Obviamente, para um dado estágio resta algo dos estágios anteriores, mas eles se seguem por rupturas contínuas. Não me deterei em expor suas argumentação e análise interpretativas, procurarei abaixo tão somente resumir sua caracterização de alguns elementos daquelas que são mais próximas ao meu objeto de estudo.

A morte domesticada tem, para Ariès, o valor de uma espécie de estado de natureza ou de estado social primário do homem em sua relação com a morte, detectada na Antiguidade, na Idade Média e em comunidades não modernas[97]. Nessas comunidades, os indivíduos tinham consciência da iminência da morte e cria-se numa espécie premonição do seu chamado[98], sendo os casos de morte repentina raros e, mais importante, vergonhosos[99]. Toda morte era acompanhada por minuciosos rituais sociais de atenção ao moribundo e ao morto, havendo, portanto, uma plena inserção da vida e da morte do indivíduo na comunidade. Essa morte domesticada pelos encantos da comunidade era, para Ariès, espontânea, e o homem simples amava a vida, mas aceitava a morte, quando ela se revelava inevitável[100]. Até aqui, não havia uma significativa diferença de atitude entre a morte popular e a morte dos aristocratas, a não ser a morte dos santos, que se destacava de todas as outras. Ariès declara ter Bossuet apreendido bem o espírito da justificação popular para a aceitação da morte ao dizer: "Todos nós morremos"[101]. Ao contrário de uma atitude, diga-se lá, técnica que rejeita a morte e proíbe que se pense nela, a popular e tradicional a tem tão presente cotidianamente que se torna desnecessário ordenar a manutenção do pensamento fixo nela[102].

O caldo de cultura que atuou sobre a matéria-prima da morte domesticada possuiu várias linhas temáticas e formas de expressão. As principais são: as artes de morrer, a arte macabra, o triunfo da morte, a dança da morte, o ascetismo, o amor à vida terrena e o ideal de glória. Segue abaixo um resumo desses tópicos, segundo as análises de Ariès e Alberto Tenenti.

A partir do século XIII, época da *Divina Comédia*, de Dante Alighieri, a noção de juízo final tal como a conhecemos hoje começa a ganhar corpo. As duas características centrais dessa concepção, para Ariès, são: o fim da história, como fim das singularidades dos eventos distribuídos no tempo, e a separação

---

97 P. Ariès encontra essa imagem da morte aprisionada na canção de Roland e em contos populares diversos e acredita poder estendê-la a todos os povos não modernos. Cf. *L'homme devant la mort*, p. 13.
98 Idem, p. 14-17.
99 Idem, p. 18-19.
100 Idem, p. 23.
101 Idem, p. 28.
102 Idem, p. 30.

entre escolhidos e condenados[103]. Essa "morte de si" é o início do processo de individualização do morrer e da morte. Enquanto a concepção tradicional da morte domesticada pensava o além como uma espécie de sono impessoal[104], no final da Idade Média e início da Renascença, começa-se a assistir a um sentimento de permanência da identidade pessoal depois da morte, suficiente e necessária para a atribuição do mérito para ser escolhido ou para ser condenado. Entram em voga então os manuais de preparação para a morte (*ars moriendi*), fornecendo instruções sobre como alcançar a salvação[105], como se portar cristãmente no momento de morrer. As "artes de morrer" (e eu acrescento: os autos ibéricos) apresentavam a imagem de um juízo final individual[106], diverso da morte em massa, como ocorreu durante as pestes. É nesse período que as elites procuraram diferenciar-se dos menos abastados[107], por meio de uma retomada cristã da atitude estoica diante da morte. Ariès chega até mesmo a dizer que está presente em Montaigne a ideia de um "julgamento moral" na morte, noção típica dos eruditos cristãos de sua época[108]. O que é particularmente digno de nota, segundo Tenenti, na evolução das artes de morrer até chegar a Montaigne é um gradativo regresso temporal do alvo de ocorrência desse julgamento (a encruzilhada de caminhos entre bem e mal se antecipa de um purgatório depois da morte até chegar à vida como um todo, passando pelo momento de agonia). Esse processo acarreta, tanto mais no caso do ensaísta, uma naturalização (retirada do caráter sobrenatural) na preparação para o morrer[109].

Seguindo ainda Tenenti, além da ênfase na hora da morte das "artes de morrer", Ariès identifica para o mesmo período

---

103 Idem, p. 103.
104 Idem, p. 30.
105 Idem, p. 108.
106 Idem, p. 114.
107 Idem, p. 241.
108 Idem, p. 99.
109 Segundo A. Tenenti, é Montaigne que leva à diante o que há de estritamente humano na relação com a morte. Cf. *Il senso della morte e l'amore della vita nel Rinascimento (Francia e Italia)*, p. 399. E, indo mais além, diz que o último Montaigne rompe definitivamente os vínculos do humanismo com a tradição platônico-cristã sobre a morte, p. 419. Cf. também J. Brody, *Lectures de Montaigne*, p. 109, 116, passim.

dos séculos XIV ao XVI a tendência da arte macabra, isto é, da representação imagética do definhamento antes e da decomposição logo depois do morrer. A "imaginária macabra"[110] nasce e ganha fôlego à medida que o foco é transferido do juízo pós-morte para a própria ocorrência física da morte. O que a arte, sobretudo, a pintura macabra faz não é, para o historiador francês, uma apresentação realista da decomposição, pois ela é justamente o que está escondido sob a terra[111]. Se o momento do morrer e seus instantes adjacentes se cristalizaram em obras plásticas, é razoável supor que se faziam presentes nos espíritos daquele tempo. Há uma imaginação minuciosa do processo de perecimento da carne antes e depois da própria morte. Antes da secularização (e precisamente propiciando-a), há uma mudança na "experiência íntima"[112] com a morte, devido ao poder precisamente dessa imaginação macabra.

Paralelamente à consolidação da imagem da agonia individual, o final da Idade Média e o Renascimento forjaram também a imagem da morte cega e triunfal abatendo-se em massa sobre todas as pessoas, indiferentemente. Retratos dessa isonomia podem ser colhidos nas danças macabras, nas quais o personagem da morte escolhe aleatoriamente, sem distinção de classe, cada um dos participantes, ou ainda, nas representações do "triunfo da morte", como nos quadros de Brueghel e Bosch[113], enfatizando ambas as formas de expressão a morte rápida, sem a vivência de uma longa agonia da espera, numa interrupção abrupta das atividades humanas[114]. A representação do triunfo da morte pode em certa medida "obscurecer" as outras representações da morte[115]. Parece-me que essa imagem

---

110 "Imagerie macabre". Cf. P. Ariès, op. cit., p. 129. Ver também C. Blum, *La Représentation de la mort dans la littérature française de la Renaissance*, I, p. 30, quem, exageradamente, creio eu, sustenta que o macabro já estava presente no *Antigo Testamento*.
111 Op. cit., p. 127-128.
112 Idem, p. 129-130. A. Tenenti afirma : "La visione della sorte fisica si fa in questo periodo piú interiore: essa si sposta dal futuro al presente e dal corpo allo spirito" (A visão do destino físico, neste período, torna-se mais interior: ela se move do futuro ao presente e do corpo ao espírito). A. Tenenti amplia a toda a época a ideia de Michelangelo Buonarrotti de que o pensamento da morte faz-nos tomar consciência de nós mesmos. Cf. op. cit., p. 60 e 317.
113 Idem, p. 118 e 120.
114 Sobre a dança da morte, ver A. Tenenti, op. cit., p. 157.
115 Como bem nota C. Blum, op. cit., I, p. 45.

de atitudes comuns e indistintas também está presente na descrição da peste negra por Montaigne, tanto ao desqualificar quanto ao valorizar a atitude dos simples – conquanto devamos notar que, em qualquer uma das fases, a descrição da "morte pública" está também contagiada pelas descrições literárias da peste em Atenas[116].

Embora a Igreja inicialmente tenha se servido tanto da arte macabra e da imagem do triunfo da morte quanto das artes de morrer no intuito didático de conduzir seus fiéis a uma vida pia, o que se verifica, ao se deslocar a decisão sobre o destino da alma de um indivíduo – céu ou inferno – de um purgatório pós-morte para o momento agônico em vida, é uma difusão do julgamento, desse juízo entre bem e mal ao longo de toda a vida[117]. A partir daí, bifurca-se o caminho: por um lado, lançar-se num intenso ascetismo, que consiste num ideal de despojamento preparatório dos apelos do corpo[118]; por outro, no humanismo, que valoriza a vivência terrena, suas vicissitudes e prazeres[119]. Ariès, na esteira de Alberto Tenenti, acredita que o humanismo dos Quatrocentos aceitava plenamente a possibilidade de morrer a qualquer momento[120]. Em qualquer um dos casos – ascetismo ou humanismo –, forma-se, então, o indivíduo consciente da própria finitude corpórea, o qual, antes mesmo da inauguração oficial da modernidade filosófica com Descartes, já se delineava também nas páginas dos *Ensaios*[121].

Gostaria, então, de retomar resumidamente algumas intuições de Nietzsche e Weber sobre o ascetismo. Para Nietzsche, o asceta vê a vida como ponte para a outra vida[122] e, paradoxalmente, todo ascetismo é uma forma degenerada da vida que

---

116 Em Lucrécio (VI, v. 1138ss) e, antes dele, em Tucídides.
117 P. Ariès acredita que "A arte de morrer é substituída por uma arte de viver", op. cit., p. 296. Cf. A. Tenenti, op. cit., p. 330; e P. Ariès, op. cit., p. 125.
118 A. Tenenti, inclusive, sugere aproximação com o ascetismo protestante. Cf. op. cit., p. 96.
119 P. Ariès, op. cit., p. 129-130. Na p. 139, P. Ariès caracteriza essa última atitude como "amor desesperado desta vida".
120 P. Ariès, op. cit., p. 130. A. Tenenti chega a dizer que a necessidade de pensar na própria morte era praticamente consensual, cf. op. cit., p. 59.
121 Com isso, estou sugerindo um entre os vários percursos de Montaigne à modernidade. Ver outro em T. Birchal, Fé, Razão e Crença na Apologia de Raymond Sebond, *Kriterion*.
122 F. Nietzsche, *Zur genealogie der moral*, III, § 11.

se volta contra ela para não admitir e evitar a morte absoluta de si[123]. O que as leituras de Nietzsche e Weber nos fazem ver é que os ascetismos todos consistem numa técnica[124] de renúncia à plena satisfação de desejos presentes ou imediatos em nome da esperança de satisfação de um desejo mais importante, no além. Especificamente, o ascetismo intramundano moderno, por seu turno, apresenta, segundo as análises de Max Weber, o seguinte paradoxo aparente: produzir cada vez mais e mais riqueza e rejeitar-se a usufruir dela[125]. Parece-me que, quanto ao segundo lado desse paradoxo, Weber adota muitas das intuições genealógicas de Nietzsche[126] sobre as motivações ascéticas; todavia, quanto ao primeiro lado, Weber apresenta ideias originais que conectam o espírito de acumulação contínua do capitalismo ao senso de transcendência, modelado com o conceito de predestinação. Bem se vê a utilidade ou fecundidade histórica da visão linear sobre a vida e a morte com o surgimento da sociedade de projetos: economizar para o futuro e sacrificar o presente. O texto de Ariès, por seu lado, também tem a virtude de trazer à tona um detalhe importante: tanto a contenção ascética quanto a acumulação indefinida têm o valor de uma justificação, não para Deus, mas para o próprio indivíduo, da própria existência e da salvação eterna[127].

Weber constata que, gradativamente, o espírito do capitalismo tornou-se independente de suas origens[128]. Uma vez secularizada a flecha, isto é, uma vez despojado o senso de transcendência futura e de bem-aventurança pós-morte, o ascetismo

---

123 Idem, § 13, p. 366: "das asketische Ideal ist ein Kunstgriff in der Erhaltung des Lebens" (O ideal ascético é um artifício para a preservação).
124 F. Nietzsche fala que o ideal ascético prescreve um *training* e o asceta torna-se um "sportsman der 'Heiligkeit'" (esportista "da santidade") Cf. op. cit., § 17, p. 379.
125 Konfuzianismus und Taoismus Zwischenbetrachtung, *Gesamte Aufsätze zur Religionssoziologie I*, p. 6.
126 Weber acrescentaria uma nuança importante, contudo: é o medo da morte e do que depois dela se encontra ("Angst vor dem Tode und dem Nachher") que motiva e impulsiona o ascetismo religioso. Cf. *Die protestantische Ethik und der Geist des Kapitalismus*, p. 98.
127 Também o diz M. Conche: "o burguês, que pretende acumular cada vez mais para o futuro e deixa de 'dançar por dançar', procura justificar sua vida com algum objetivo", *Montaigne et la philosophie*, p. 70-71:
128 "Die religiöse Wurzel langsam abstarb und utilitarische Diesseitigkeit Platz machte" (a raiz religiosa lentamente morreu e a mundanidade utilitária ganhou espaço). Cf. *Die protestantische Ethik und der Geist des Kapitalismus*, p.197.

perde seu porquê e seu para quê, suas razões, sua justificação. Antes de uma vitória do desvio, trata-se aqui de uma destruição do destino. Nesse ponto, Weber sentencia: o homem moderno, culto, crente num progresso indefinido da cultura pode se cansar da vida, mas não se satisfazer com ela[129].

Se as diversas espécies de ascetismo zelam em comum pela contenção no uso dos prazeres e promovem censuras ao apego às coisas desse mundo, o humanismo aceita a brevidade da vida e declara seu intenso amor às singularidades que a compõem. Então, coexistem, na poesia e na pintura, a temática da vacuidade[130] das coisas mundanas e, na pintura, a temática renascentista da natureza morta, devidamente acompanhada pela transitoriedade do tempo, que faz com que os objetos gradativamente passem a ser dignos de posse e usufruto e percam parte de seu valor estritamente simbólico de remissão aos desígnios de Deus. Ariès ressalva, contra Tenenti, que a dicotomia que temos hoje entre natural e sobrenatural não era tão nítida no Renascimento[131], mas suas análises das naturezas mortas me parecem muito específicas, imprecisas e insuficientes para prová-lo. De qualquer modo, não se deve anacronicamente fazer do humanismo renascentista um bando de iluministas nem tampouco libertinos. A crença no além não deixava, para a grande maioria deles, de ser um motor de suas ações.

Enquanto a imagem da existência pós-tumular era para os eruditos contemporâneos de Montaigne a consagração da separação completa entre corpo e alma, para os mais simples permanecia a imagem do homem inteiro[132]. Embora, ao que me parece, Montaigne exiba, em uma primeira fase, certo desprezo pela atitude popular que se lhe mostra, muitas vezes, como desespero e temor diante da morte, ele não adota a divisão entre corpo e alma como substâncias distintas, mas sim como conjuntos distintos de atividades, as intelectuais e as corpóreas.

---

129 Konfuzianismus und Taoismus Zwischenbetrachtung, op. cit., p. 20. Ou para dizer com F. Nietzsche: "lieber will noch der Mensch das Nichts wollen, als nicht wollen (o homem prefere querer o nada a nada querer). Cf. op. cit., III, § 28, p. 412.
130 Vanitas. Cf. A. Tenenti, op. cit., p. 139.
131 Op. cit., p. 137 e s.
132 Idem, p. 271.

Devo adicionar que outra imortalidade igualmente atraía e impulsionava os ambiciosos espíritos daquela época. O desejo de distinção dos humanistas da Renascença em relação ao vulgo se efetivava, no XIV, sobremaneira como um anseio pelo topo, pela glória[133]. O Renascimento sentiu o conflito entre a retomada do ideal de glória, típico do paganismo greco-romano, e a glória de Deus todavia, foram apresentadas diferentes soluções para esse embate[134]. A de Petrarca, por exemplo, foi rejeitar a fama (recompensa em vida, por parte de homens determinados) e almejar a glória conferida por toda a humanidade após a morte, o que já era suficiente para diferenciá-lo da posição de Agostinho, que recusava toda e qualquer glória terrena[135]. A glorificação da morte em batalha é uma das instanciações desse ideal que descambou posteriormente para os nacionalismos que se formavam, alimentando com o próprio corpo o forno das guerras e o orgulho dos reis[136]. E, como já dissera no final do terceiro capítulo, não penso que a nobreza militar guerreira seja a linhagem mais importante e decisiva para a visão sobre o destemor em Montaigne: a bravura militar é para ele apenas uma lição para o restante da vida e não um fim maior[137].

Em fins do século XVI e meados do XVII, o ideal de fixação do pensamento no momento da morte recuou[138] e se dissolveu como prática constante ao longo de toda a vida. Segundo o historiador francês, a desvalorização da hora da morte e valorização das atitudes ao longo de toda a vida fazem o ascetismo ganhar corpo como preparação contínua. Esse mesmo ascetismo cria o ideal de contenção da expressão de sentimentos seja da dramatização da dor ou bravura do moribundo, seja do luto diante do morto, e, assim, inicia-se um processo de desprezo da morte[139] e de afastamento de sua imagem e presença – eis a fase da "morte longínqua e próxima".

---

133 Cf. A. Tenenti, op. cit., p.22.
134 Idem, p. 26.
135 Idem, p. 27-29.
136 Idem, p. 43 e 190.
137 J. Boon admite que o ideal do cortesão é relido e ampliado por Montaigne à esfera de uma arte de viver, mas acentua, em minha opinião, excessivamente a importância do nobre de espada nessa relação. Cf. *Montaigne: gentilhomme et essayiste*, p. 34.
138 Cf. P. Ariès, op. cit., p. 293.
139 Idem, p. 310.

As outras duas fases coroam o processo de afastamento e ocultamento da morte, alcançando o mais alto estágio do que, para Ariès, é uma degeneração das atitudes do homem diante de seu fim. O sujeito já não vê a própria morte como solene e tranquilamente pertencente a uma ordem que lhe é superior. O resultado é o abandono, o desolamento[140]. Ariès tem uma forte atração favorável à morte à antiga[141] e não é casual sua denominação da atitude atual perante o morrer ("morte invertida"), pois a morte repentina (*mors repentina, mors improvisa*) passa a ser valorizada e preferida em relação à morte domesticada, antecedida pela premonição e aceitação[142].

Projeto moderno para alcançar o domínio do medo (ou da angústia), para garantir a resolução e a persistência do sujeito, a simulação constante da morte, recorrendo ao ascetismo, leva ao seu próprio abandono, como pudemos constatar na dimensão histórica a partir do trabalho de Ariès (a individualização e preparação para a morte desde o fim da Idade Média e início do Renascimento levou a temer e escamotear a morte no século XX). A inserção do Montaigne da primeira fase nesse contexto da aurora da modernidade, isto é, do que Ariès chamou de "morte de si" pode ser constatada ao cotejar os parágrafos acima com minhas descrições do capítulo 2. Note-se que a manifestação em seu pensamento de um ideal ascético, embora existente, não se reveste, no entanto, dos mesmos tons fortes com que o encontramos em Platão, nem nas descrições de Nietzsche e Weber. Possivelmente, essa estranha conjunção entre, de um lado, preparação para a morte e ascese mundana e, de outro, descrença no acesso por meios humanos aos desígnios divinos (não necessariamente descrença em Deus)

---

140 Idem, p. 388: "Dans son effort pour conquérir la nature et l'environnement, la société des hommes a abandonné ses vieilles défenses autour du sexe et de la mort; et la nature, qu'on pouvait croire vaincue, a refflué *dans* l'homme, est entrée par les portes délaissées et l'a ensauvagé" (No seu esforço de conquistar a natureza e o meio ambiente, a sociedade [moderna] dos homens abandonou suas velhas defesas em torno do sexo e da morte; e a natureza, a qual se acredita estar vencida, refluiu *dentro* do homem, entrou pelas portas abandonadas e o tornou selvagem).
141 "Esta vida de que a morte é distanciada com cautela nos parece menos amorosa das coisas e dos seres do que aquela da qual a morte era o centro". Cf. Idem, p. 310
142 Idem, p. 581.

tenha também contribuído para que Montaigne fosse levado, de modo mais acentuado e explícito nos livros II e III dos *Ensaios*, a rejeitar o ideal de preparação para a morte bem como o ascetismo[143].

Urge ainda fazer referência ao trabalho historiográfico de Claude Blum. Partindo dos estudos de vários autores – entre eles Tenenti –, Blum desenvolve um estudo especificamente sobre as representações da morte na literatura francesa do século XII ao XVI. Para ele, tais representações, que precedem qualquer elaboração conceitual e teórica, são variações sobre um substrato comum – a narração invariante cristã, que descreve a morte como um castigo pelo pecado de Adão e pensa a vinda de Cristo como uma redenção do pecado. Haveria uma evolução dessas representações rumo não apenas a uma contínua independência da morte em relação à imagem do pecado como também à centralidade de uma visão profana do morrer, culminando com o surgimento dos *Ensaios*. Parece-me que uma das mais notáveis falhas metodológicas da obra de Blum é menosprezar a importância da intervenção dos textos filosóficos greco-romanos (tanto mais os da linhagem naturalista) na cultura renascentista e construir sua história exclusivamente como emanações prorrompendo a partir do paradigma bíblico[144]. Blum vai analisar a obra de Montaigne, partindo do pressuposto de que ela se insere em um contexto marcado, por um lado, pela naturalização e, por outro, pela interiorização do núcleo narrativo cristão[145].

A localização conceitual de Montaigne no caminho da história da morte no Renascimento deve nos despertar para a questão se nós temos, com Ariès e Tenenti, a descrição de uma linhagem ou tão somente de uma linha de continuidade. É certo que Tenenti concentra suas pesquisas na Itália e na França e Ariès, apenas nesse país; mas não é inútil observar

---

[143] A rejeição desse último é magistralmente exposta nas páginas finais de seu livro.
[144] Cf. op.cit., II, p. 679-680. Exemplo dos exageros a que tal disposição interpretativa conduz está em sua avaliação do argumento naturalista da insensibilidade pós-morte como parte da doutrina cristã do estado intermediário.
[145] Idem, p. 645. Deixarei o comentário sobre as teses centrais de Blum concernentes a Montaigne, que é seu porto de chegada, para o capítulo "Do Temor da Morte", infra.

que as pistas que temos do contato de Montaigne com uma ou outra obra (não só escritas, mas também artísticas) ou prática (por exemplo, a dança da morte, pouco espalhada na Itália, mas conhecida na França e na Alemanha, por onde ele passou em viagem) são insuficientes. Sabemos de sua correspondência com Duplessis-Mornay[146] (autor de poemas usados no percurso historiográfico de Ariès e Tenenti), de sua leitura de várias obras de Erasmo, embora Villey não ateste a leitura do *Sobre a Preparação para a Morte*[147], de seu contato com os humanistas italianos em geral e, mais especificamente, com Petrarca[148]. Entretanto, até onde me lembro, somente conjeturamos eventuais influências não reconhecidas; mesmo porque era mais digno de citação e referência um autor clássico do que um contemporâneo, ainda que a informação proviesse desse último. São linhas de continuidade, portanto, que, conquanto nos incitem fortes suspeitas de serem também linhagens, não podem ser tomadas como critérios de escolha entre interpretações alternativas do texto dos *Ensaios*. Não devemos pensar tampouco que o público contemporâneo ao nosso autor possa desfrutar de qualquer qualificação privilegiada que nos fizesse escolher certa exegese em relação a outras[149].

---

146 Segundo P. Villey, op. cit., I, p. 132.
147 Idem, p. 138. O *De praeparatione ad mortem* do humanista holandês é analisado por Tenenti, como um momento importante na secularização das artes de morrer segundo.
148 Idem, p. 210.
149 Como J. Brody faz, falando em "público natural". Cf. *Lectures de Montaigne*, p. 107.

6. O Aproveitamento do Tempo

Além do objetivado destemor no momento da morte e ao longo da vida, há um outro importante aspecto prático da filosofia montaigniana sobre a morte: o uso do tempo. Intenciono analisar, nesse capítulo, as características mais importantes e distintivas da nova relação de Montaigne com o tempo, seja como consequência da afirmação da predisposição natural, seja como um de seus pressupostos. Para tanto, retornarei brevemente às questões sobre a imaginação, colocadas no capítulo 1, e sobre o tempo no método de simulação, estudado no capítulo 2.

O problema do uso do tempo está colocado desde a questão sobre o estatuto da faculdade de imaginar em geral. A condenação da preocupação com o futuro se devia a uma valorização das vivências presentes; em contrapartida, o crédito ao poder da imaginação é uma esperança de que as imagens mentais tenham efeitos reais e positivos no futuro. Portanto, a dualidade que apresentei sobre o estatuto da imaginação, dessa forma, gira em torno do uso e valor do tempo, com uma tensão entre vivência do presente e antecipação do futuro. Procurei indicar de modo breve e esquemático no capítulo 2 e 3 que a imaginação da morte e do morrer encontra-se sob o fogo cruzado dessa tensão.

Mas, além dessa microeconomia na gestão do tempo, as filosofias de Montaigne supõem uma relação com a totalidade do tempo da vida e da morte: essa última, real ou imaginada, fecha os contornos da primeira e delimita sua forma acabada. A configuração imaginada do todo de nossas vidas delimitado pela morte fornece sentido e parâmetros de avaliação e julgamento para algumas das nossas decisões singulares mais importantes. Na primeira fase, Montaigne acreditava que ter a morte sempre em mente possibilitava resolução em situações específicas antes dela. Se a flecha é a imagem que melhor expressa o modo do primeiro Montaigne de conceber a macroeconomia ou macroética do tempo, podemos dizer que ela perde seu alvo à medida que ele recua do último dia para o todo da vida[1]. Acaba por se dissolver, quiçá até mesmo devido originariamente à ausência de uma transcendência com o poder de justificação e fonte de sentido (como eu afirmei no capítulo 5) ou ao fato de que o método de simulação não se verifica a não ser com a morte – isto é, sua atestação vai sendo progressivamente arredada para frente, à medida que as experiências de simulação da morte são, em seu conteúdo imaginado, a cada momento falseadas[2]. Talvez, ainda, isso ocorra em virtude de uma necessidade intrínseca em se diluir ao longo da vida, uma vez que ele simula a cada momento presente o último momento[3]. Com isso, a expressão espacial do tempo agora deve ser a de caminhos tortuosos ou de algo como uma viagem sem rumo certo, como disse anteriormente, ou talvez possamos dizer que não há uma imagem exterior dominante que é imposta à vida[4].

Pretendo trabalhar três posições centrais na proposta de uso do tempo em Montaigne: a negação do alongamento do tempo total de vida a todo custo, a vivência do prazer como

---

1   Processo semelhante, apontado por A. Tenenti, ocorreu na evolução da imaginária macabra e da literatura das "artes de morrer" no Renascimento, como indiquei em "Observações Históricas", supra. Cf. A. Tenenti, *Il senso della morte e l'amore della vita nel Rinascimento (Francia e Italia)* passim; e "Apêndice" infra.
2   Como indiquei no primeiro enfoque de "O Problema da Transição", supra.
3   Cf. J. Brody, *Lectures de Montaigne*, p. 105.
4   Como faz ver A. Thibaudet, com a ressalva de ele crer, em minha opinião, enganadamente que isso é uma característica de todo o livro. Cf. *Montaigne* p. 185-186.

intensificação do presente e a dualidade de relação, mormente pela escrita, com a memória do passado e a visada ao futuro. Se não devemos encurtar a vida[5], por que não alongá-la? Nesse certame, Montaigne empreende um diálogo com a ciência ou técnica de esticar a expectativa de vida ao máximo, no limite, até a cura para a morte[6]. Ele não duvida dos remédios naturais e populares, mas desconfia que a ciência da medicina possa nos prover com algum bem além deles[7]. Para tamanha desconfiança, conspira a suspeita cética contra a superioridade da ciência dos doutos sobre o conhecimento cotidiano dos simples e, com igual ou maior força, o preceito de que o alongamento da vida não deve nos fazer prescindir da fruição dos prazeres do presente aos quais estamos habituados. O perigo alertado por um médico de que o consumo de vinho, apesar de prazeroso, reduz a expectativa de vida daquele que o consome e por ele é consumido não é para nosso bordelês, mais explicitamente na fase final, razão suficiente para abdicar de prazer tão intenso, como mostra o ensaio final do livro. Ser-lhe-ia preferível morrer por excesso a viver em escassez[8].

Não se trata, para Montaigne, de, tendo procurado aumentar indefinidamente a extensão da vida e não conseguido, restar viver intensamente, o máximo possível. O aproveitamento do tempo também não se origina em uma dificuldade técnica ou tecnologicamente superável. É a própria preocupação com o alongamento indefinido da vida que é julgada perniciosa à plena vivência do presente. Além do mais, mesmo que aumentássemos significativamente o período entre o nascimento e a morte, ele ainda seria curto, em relação à infinitude[9]: para ser transitória, basta ser finita.

5 Sem me deter na questão sobre a morte voluntária, imagino ser esta a recomendação final do "Coustume de l'Isle de Cea", II, 3.
6 Sendo essa a esperança de um iluminista como J. Condorcet, para quem a medicina prolongará indefinidamente a extensão da vida humana. Cf. *Tableau historique des progrès de l'esprit humain*, p. 187-188.
7 II, 37, p. 766B.
8 Ou como diz Jovino Machado: "morreu de overdose de vida", Epitáfio, *Disco*, p. 62.
9 I, 20, p. 92C. É recorrente nessa página o argumento pela aceitação da morte por meio da afirmação da transitoriedade da vida e do instante do morrer, o que parece uma retomada de Sêneca, *De Brevitate Vitae*, primeiras frases (e ao longo das *Cartas*). Também de Sêneca, Montaigne retoma a exigência de reivindicação do tempo para si, contra a diluição de seu emprego nas ocupações cotidianas e públicas.

Verdade que a recomendação de uso intenso do tempo presente é também adotada pelos ascetismos, mas apenas como preparação para o futuro[10]. Montaigne passa da ideia de viver intensamente cada momento por simular que ele será o último para a ideia de vivê-lo por seu próprio valor. A responsabilidade pelo bom uso do nosso tempo cabe a nós mesmos e de nada nos adianta lamentar nosso gradativo esvaecimento, nem deixar o tempo da vida correr, aguardando a morte[11]. O prazer do corpo, na segunda fase do seu pensamento, contém mais do que uma aspiração de reter a fuga do tempo[12]; é notadamente a pretensão de uma espécie de amarra ao presente, que intensifica nossa vivência, nosso uso do tempo, no aqui e agora[13]. No entanto, essa pretensão, em razão da força da natureza desviante da imaginação humana, nunca se efetiva completamente. Esse uso dos prazeres não implica um puro e simples abandono do ideal de independência em relação a eles[14], que já não se direciona a uma separação gradativa dos desejos corporais.

O aproveitamento do tempo presente é, não nos enganemos, uma valorização das vivências singulares, dos objetos

---

10 Os puritanos, por exemplo, acreditavam que o trabalho e a atividade contínua eram divinos e se voltavam contra o "desperdício do tempo" ("Zeitvergeudung ist also die erste und prinzipiell schwerste aller Sünden"). Cf. M.Weber, *Die protestantische Ethik und der Geist des Kapitalismus*, p. 167.

11 III, 13, p. 1111B. Segundo M. Conche, da ameaça certa da própria morte vem o reconhecimento da importância de viver "autenticamente". Cf. Montaigne, penseur de la philosophie, em V. Carraud; J.-L. Marion (eds.), *Montaigne: scepticisme, métaphysique théologie*, p. 196.

12 Cf. L. Jenny, *L'Expérience de la chute*, p. 38; e F. Premk-Škerlak, que declara, em hipérbole imperdoável, que a atenção ao presente visa a "escapar" do deslizar do morrer intravital. *La Signification du moment*, p. 6 e 25.

13 I, 20, p. 88C. E em III, 13, p. 1111-2: "Principallement à cette heure que j'apercoy la mienne si briefve en temps, je la veux estendre en pois ; je veux arrester la promptitude de sa fuite par la promptitude de ma sesie [...] à mesure que la possession du vivre est plus courte, il me la faut rendre plus profonde et plus pleine". (Principalmente agora que percebo a minha [vida] tão curta no tempo, quero estendê-la em peso; quero deter a prontidão de sua fuga pela prontidão de minha captura [...] na medida em que a posse do viver fica mais curta, preciso torná-la mais profunda e plena, p. 494). Assim, Montaigne retoma o lugar--comum originário de Horácio: "Carpe diem, quam minimum credula postero". (Aproveita o dia e confia o mínimo possível no amanhã). Cf. *Odes*, I, xi, v. 6-8.

14 Por exemplo em III, 9, p. 968B: "Je n'ay rien mien que moy et si en est la possession en partie manque et empruntée. Je me cultive [...] pour y trouver de quoy me satisfaire quand ailleurs tout m'abandonneroit" (Não tenho nada de meu além de mim, e mesmo essa posse é, em parte, imperfeita e de empréstimo, p.274-275).

singulares e passageiros, em que pese haver o desejo de segurar-se, de conter e reter algo da experiência passageira – a perpetuação do próprio eu[15]. Retenção que não comporta, a meu ver, uma "revolta" contra o instável[16].

Não obstante, Montaigne, na segunda fase, não apresenta como única relação legítima e desejável com o tempo essa, com a licença da antítese, deriva ancorada no presente. Nem poderia[17]. Como numa corrida de revezamento, nosso autor, ao longo de todo o livro, deposita grande valor na lembrança dos eventos passados, seus ou da história – sem, contudo, carregá-los como um peso de arrependimentos – e não deixa, em nenhum momento, de manter uma visada ao futuro, de se prolongar, precisamente no ato de destinar seu texto aos outros, seus leitores, o que fica claro já no prefácio[18]. A escrita é também uma tentativa de retenção de si, de se prender apesar da evasão de si mesmo[19].

Não se recaia no extremo de advogar que os *Ensaios*, em sua face autobiográfica, se pretendem um epitáfio, selando a vida que descrevem, tendo pouco ou nenhum préstimo para a vida, como se dela extraíssem sua matéria, sem a ela nada retornar em troca. Sua escrita guarda íntimas relações com a modulação de sua vida[20]. Gostaria apenas de realçar na relação citada no parágrafo anterior o futuro e a alteridade com que

15 Como bem diz F. Premk-Šlerlak: "l'être montaignien veut vivre sa propre permanence", baseando-se, entre outras passagens, na já citada: "Principallement à cette heure...". Cf. op. cit., p. 7.
16 Tese com sabor existencialista que defende F. Premk-Šlerlak, que contraditoriamente admite que há, em Montaigne, uma "acceptation passive de tout ce qui est humain". Cf. op. cit., p. 7.
17 Impossibilidade admitida pelo próprio Montaigne (como mostrei no capítulo 1, supra) e bem salientada por F. Premk-Šlerlak, op. cit., p. 61.
18 "Au Lecteur: Je l'ay voué [...] à ce que m'ayant perdu (ce qu'ils ont à faire bien tost) ils y puissent retrouver aucuns traits de mes conditions et humeurs" (Devotei-o [...] a esse que, tendo-me perdido (o que lhes deve acontecer em breve), eles possam aí reencontrar alguns traços de minhas condições e humores, p. 3). Ver a respeito: J. Starobinski, *Montaigne en mouvement*, p. 49-50; e A. Nehamas, *The Art of Living: Socratic Reflections from Plato to Foucault*, p. 120.
19 P. Leschemelle, *Montaigne ou la mort paradoxe*, p. 37-38.
20 Como bem já mostrou J. Starobinski em todo o percurso de seu *Montaigne en Mouvement*. Segundo E. Birchal: "A pintura de si poderia aproximar-se do conceito de *identidade narrativa* de P. Ricoeur, cujo momento fundamental é menos o autorretrato, propriamente dito, e mais o ato segundo de julgamento e da reflexão sobre si". Cf. Sobre Auerbach e Montaigne, em R. Duarte; V. Figueiredo (orgs.), *Mimeses e Expressão*, p. 285.

Montaigne estaria preocupando-se, desde o momento em que decide incluir elementos pessoais e autobiográficos no livro, com o estado da memória a seu respeito depois de sua morte, incorporando, em parte e a seu modo, a preocupação pelo futuro pós-morte que sempre, pelo menos em seu excesso, rejeitara[21]. Haveria, então, uma incorporação do ideal de glória?

Montaigne se admira com o exemplo dos agrigentinos que se entregavam à vivência intensa do prazer, como quem estaria próximo à morte, e à preparação para o futuro, como quem teria perspectiva de vida longa. Do choque ou oscilação entre os dois modos de ser advém a "desconformidade"[22]. O capítulo em que a breve referência a essa deformidade se encontra trata da inconstância humana e, especialmente nos acréscimos finais, exibe a autoinclusão de seu autor. Seria razoável asseverar que tão disforme hesitação temporal é também adotada pelo próprio Montaigne? Sim, eu presumo; no entanto, há uma conjunção harmônica entre as duas atividades, pelo fato de a construção dos *Ensaios* e de si mesmo, como já afirmei há pouco, também estar consciente do fim.

---

21 Ver "A Imaginação", supra.
22 II, 1, p. 334C: "Empedocles remarquoit cette difformité aux Agrigentins, qu'ils s'abandonoyent aux delices comme ils avoient l'endemain à mourir, et bastissoient comme si jamais ils se devoyent mourir" (Empédocles observava nos agrigentinos essa desconformidade: entregavam-se às delícias como se tivessem de morrer no dia seguinte, e construíam como se nunca devessem morrer, p. 7). Tomado de D. Laércio, *Vidas e Doutrinas dos Filósofos Ilustres*, VIII, 63 (na verdade, "acragantinos"). Ao que parece, Empédocles apresenta isso como uma objeção ao povo de sua própria cidade.

Do Temor da Morte

Resolvi construir esta conclusão com algumas lacunas cavadas ao longo do trabalho. Para procurar preenchê-las, urge encontrar um porto final que possa ser vislumbrado como guia. É minimamente razoável que, para tanto, eu atenda à declaração de intenções constante na Introdução, qual seja, tentar, na companhia de Montaigne, responder à pergunta: devemos ou não temer a morte?

Pretendo, antes do mais, apresentar agora o arremate da tese de Hugo Friedrich, que expus em prestações ao longo do meu texto. Em sua clássica e arguta interpretação, Friedrich assevera que Montaigne, devido à intimidade com a morte alcançada em sua experiência interior, acaba por reconhecer o pavor de sua própria morte e abandona a recomendação de destemor. Seu principal apoio textual para tal afirmação está numa passagem em que Montaigne confessa seu medo pela possibilidade de perda das coisas singulares (no vocabulário da cultura renascentista, *vanitas*) que lhe são caras e compõem sua vida, embora não tema a morte, se pensada em sua universalidade[1]. Poderíamos ainda

---

1   III, 4, p. 837C: "un chien, un cheval, un livre, un verre, et quoy non ? tenoient compte en ma perte. [...] Je voyois nonchalamment la mort, quand je la voyois universellement, comme fin de la vie; je la gourmande en bloc; par le menu,

encontrar outras ocorrências em que o medo ou não aceitação da morte vem à tona[2]. Por exemplo: o pavor – já não pela perda de sua existência e das coisas que a compõem, mas pela dor e pelo sofrimento – produz em Montaigne o desejo de um morrer rápido e insensível e até mesmo o consolaria quanto àquele primeiro medo, ou seja, o de estar morto[3]. Tais ocorrências de reconhecimento do horror estão quase exclusivamente nos textos posteriores a 1588[4]. Os relatos de temor à morte nas

elle me pille" (Um cão, um cavalo, um livro, um copo e o que não? entravam em conta na minha perda [...] Via inabalavelmente a morte, quando a via universalmente, como fim da vida; em bloco, eu a domino; no miúdo, ela me acua, p. 77). Cf. H. Friedrich, *Montaigne*, p. 353. S. Giocanti também insere esse reconhecimento do medo da morte como parte da atitude geral de irresolução. Cf. *Penser l'irrésolution: Montaigne, Pascal, La Mothe Le Vayer*, p. 154

2   Talvez em III, 9, p. 982B: "Tout au commencement de mes fiévres et des maladies qui m'atterrent, entier encores et voisin de la santé, je me reconcilie à Dieu par les derniers offices Chrestiens" (Logo no início das minhas febres e das doenças que me derrubam, ainda inteiro e próximo da saúde, reconcilio-me com Deus por meio dos derradeiros ofícios cristãos, p. 296). Ou em III, 6, p. 900B, a admissão do medo em geral: "Je ne me sens pas assez fort pour soustenir le coup et l'impetuosité de cette passion de la peur, ny d'autre vehemente" (Não me sinto forte o bastante para suportar o golpe e a impetuosidade dessa paixão do medo, nem de outra veemente, p. 172). III, 10, p. 1015B: "il y a long temps, pour cela seulement que, quelque bonne mine que je fisse en ma perte, je ne laissois pas d'en avoir au dedans de la piqueure" (Há muito tempo, simplesmente porque, por mais que fizesse boa cara na minha perda, por dentro não deixava de sentir uma picada [ou gastura], p. 346).

3   III, 9, p. 972B: "je me plonge la teste baissée stupidement dans la mort [...] en un instant d'un puissant sommeil plein d'insipidité et indolence [...] Je ne m'estrange pas tant de l'estre mort comme j'entre en confidence avec le mourir" (Mergulho de cabeça baixa estupidamente na morte [...] num instante de um poderoso sono pleno de insipidez e de insensibilidade. [...] Não me estranha tanto o estar morto à medida que crio intimidade com o morrer, p. 279]. Essa última frase me parece decisiva para rejeitar a ideia de C. Blum de que Montaigne negaria os medos provindos de reles representações humanas da morte em favor do reconhecimento do verdadeiro medo da morte advindo de uma representação divina. Cf. "Mort", em P. Desan (dir.), *Dictionnaire de Michel de Montaigne*, II, p. 732. Essa ideia fora defendida antes por F. Premk-Škerlak, a qual declara haver um "medo fictício" do morrer, e afirma que Montaigne no fundo teme o além. Não posso deixar de confrontar esse trecho com o que Montaigne dissera em II, 13, p. 608A: "ils ne le font pas de resolution [...] L'estre mort ne les fache pas, mais ouy bien le mourir" (não o fazem por resolução [...] Não os perturba o estar morto, mas sim e muito o morrer, p. 413).

4   De acordo com G. Nakam exclusivamente. Nem todas as ocorrências garimpadas por ele podem se referir propriamente a um medo da morte: por exemplo, III, 9, p. 978B (muito antes: sensação do morrer intravital). Cf. Les Chapitres de "extrême congé", *Montaigne: la manière et la matière*, p. 273; e *Montaigne et son temps*, p. 281.

duas primeiras edições (1580 e 1582) ocorrem, em sua grande maioria, na terceira pessoa, todavia existe uma breve referência no capítulo II, 13: mesmo ainda acreditando que a resolução no momento do morrer é o que há de mais marcante na existência de um homem, Montaigne confessa que nos é difícil acreditar, quando chega a hora de nossa morte, que ela de fato tenha chegado e nos resta uma esperança ilusória de que não vamos morrer naquele momento, como se quiséssemos aumentar um pouco mais nosso prazo de vida[5]. Não posso deixar de observar nesse ponto, retomando o que eu dissera anteriormente, no capítulo 4, que a simulação do morrer é inadvertidamente exercida também por um adiamento de sua finalização – como se, ao não se efetivar, ao ser a cada momento falseada, a própria simulação pudesse eventualmente ter responsabilidade em produzir ou intensificar o temor ou, pelo menos, a admissão de sua existência.

Acredito semelhantemente poder avaliar todas as manifestações, presentes em todas as fases de publicação, do desejo (mais do que uma crença) de que o estado de morte seja como um sono e de que o morrer seja uma doce agonia ou um golpe rápido e insensível (uma morte repentina) como sintomas indicativos do referido medo[6]. Ao contrário de Brody[7], não acredito que possamos dizer, mesmo havendo uma valorização da "morte imprevista" já na primeira fase, que isso acarreta a desvalorização da "hora da morte", isto é, da atitude virtuosa diante da dor e do sofrimento ou da possibilidade do fim, quando a morte lenta for o caso.

É curioso e até contraditório que, a um tempo, a imagem da morte e a vivência do morrer venham a lhe causar embriaguez e fazer desejá-la com a mesma intensidade com que seu terror o toma de assalto, tal como cobras peçonhentas que, pelo seu olhar, fixam a atenção de suas prezas e as atraem para sua refeição[8]. Levanto a hipótese de serem aquelas descrições,

---

5   II, 13, p. 605A: "piperie de l'esperance", importante notar que nesse trecho, Montaigne só usa a primeira pessoa do plural. É interessante como a mesma esperança de adiamento é plasticamente representada no ardil do cavaleiro Antonius Block de jogar xadrez com a personificação da morte, no filme *O Sétimo Selo*, de Igmar Bergman.
6   II, 13, p. 608A e III, 9, p. 971B e 983B. Cf. H. Friedrich, op. cit., p. 355.
7   Cf. *Lectures de Montaigne* p. 113.
8   Há uma espécie de embevecimento com o morrer, ao contrário do que defende H. Friedrich. Cf. op. cit., p. 322.

paralelas às manifestações de temor, de um mórbido prazer de se deixar levar pela morte um subproduto tardio da simulação do momento macabro, algo além de uma espécie de contemplação estética do próprio esvaecimento, como um enleio diante do espetáculo trágico da morte em guerra[9], dado que o que está em jogo não é tão somente o prazer de ver, mas muito mais o paradoxal desejo de se deixar levar[10]. Quiçá seja algo comum a alguns sentimentos do suicida que, não suportando a angústia que o lembra da possibilidade da morte, acaba por adiantá-la.

Mas não basta ter verrumado, como fiz acima, as confissões pessoais (ainda que da pessoa do texto) de Montaigne e encontrado nelas uma assunção do que pretendia combater. Faz-se necessário investigar se haveria algo de intrinsecamente falho em sua argumentação a esse respeito.

Quanto ao possível acolhimento teórico e doutrinário do confesso temor da morte e do morrer, conceda-se que, até certo ponto, Montaigne chega a reconsiderar, num excerto, seu valor, fazendo notar que ele também pode causar a fruição da vida, pois a raridade e o perigo aguçam o prazer de viver[11].

9 É o que afirma Conche, baseando-se em III, 12, p. 1046c: " je m'aggrée aucunement de veoir de mes yeux ce notable spectacle de nostre mort publique, ses symptomes et sa forme. Et puis que je ne la puis retarder, suis content d'estre destiné à y assister et m'en instruire" (Agrada-me de algum modo ver com meus próprios olhos este notável espetáculo de nossa morte pública, seus sintomas e sua forma. E, já que não a posso retardar, fico contente por estar destinado a presenciá-la e a instruir-me sobre ela, p. 394). Cf. *Montaigne et la philosophie*, p. 65-66. A admiração pelo espetáculo da guerra também está em Lucrécio, ver II, v. 44-46. As descrições das guerras intestinas na França assemelham-se a várias passagens de Sêneca, ver *Epistulae*, XCI, notadamente 5.
10 III, 9, p. 947B: "Quand je suis en mauvais estat, je m'acharne au mal; je m'abandonne par desespoir et me laisse aller vers la cheute" (Quando estou em mau estado, aferro-me ao mal; entrego-me por desespero e deixo-me levar rumo à queda, p. 242). Parece que Montaigne vivencia a mesma vontade que havia descrito em terceira pessoa no capítulo II, 13, a partir da p. 609: "C'est bien loing au delà de ne craindre point la mort, que de la vouloir taster et savourer" (Está muito além de temer a morte, querer degustá-la e saboreá-la, p. 414).
11 Montaigne, *Exemplar de Bordeaux*, fl. 270: "Je remachois tantost ce *tres beau et tres-veritable* mot qu'un ancien allegue pour le mespris de la vie: Nul bien nous peut apporter plaisir, si ce n'est celuy à la perte duquel nous sommes preparez [...] voulant gaigner par là que la fruition de la vie ne nous peut estre vrayement plaisante, si nous sommes en crainte de la perdre. Il se pourroit toutes-fois dire, au rebours, que nous serrons et embrassons ce bien, d'autant plus *ferme* et avecques plus d'affection que nous le voyons nous estre moins

Mas, contra a interpretação de Friedrich[12], é preciso reparar que não há uma plena admissão teórica ou doutrinária do medo da morte nem o reconhecimento de sua naturalidade ou inescapabilidade. Aliás, o fato de Montaigne confessar descritivamente seu próprio temor não implica que ele não aconselhe prescritivamente sua supressão, nem, por si, torna ilegítimo tal conselho – se fizéssemos tal inferência, incorreríamos numa falácia que parte do homem para rejeitar a crença (*argumentum ad hominem*). Efetivamente, em vários momentos do livro III, Montaigne continua fazendo uso da prosopopeia da Natureza de modo por vezes quase literalmente decalcado do *Da Natureza das Coisas*, de Lucrécio[13] e, além disso, declara-se no esforço para dissipar o medo[14]. Friedrich chega a falar numa oscilação entre a constatação objetiva da banalidade da morte – o triunfo da morte – e a experiência interior de medo frente ao que há de horrível em não mais existir, mas o comentador

>   seur et craignons qu'il nous soit osté" (Há pouco eu estava remoendo estas *muito belas e muito verdadeiras* palavras que um antigo aduz para o menosprezo à vida: O único bem que pode nos trazer prazer é aquele para cuja perda estamos preparados. [...] querendo concluir com isso que a fruição da vida não nos pode ser realmente prazerosa se estivermos temendo perdê-la. Entretanto, poder-se-ia dizer, ao contrário, que seguramos e abraçamos esse bem, tanto mais *firme* e com mais afeto quanto menos seguro o vemos ser para nós e quanto mais tememos que nos seja tirado, p. 420). Entre outras alterações, depois de 1588, Montaigne suprime as partes que deixei em itálico e substitui a última delas por *estroit*. II, 15, p. 612A. Ou ainda: " la crainte me roydit", III, 9, p. 947C, antes de *me roiddit*, o autor escrevera *m'obstine* e *m'effarouche*, em *Exemplar de Bordeaux*, fl. 425.
> 12 H. Friedrich, op. cit, p. 347 e também S. Giocanti, *Penser l'irrésolution...*, p. 532-533 e 545-546; e C. Blum, *La Représentation de la mort dans ...*, II, p. 726 e 731. Esses dois últimos baseiam-se quase exclusivamente nos trechos já usados por Friedrich.
> 13 É errôneo acordar com H. Friedrich que Montaigne fala da banalidade da morte sem querer lhe tomar o horror e a violência, pois é precisamente esse seu objetivo. Cf. H. Friedrich, op. cit., p. 323.
> 14 Em contraposição ao referido e admitido apego às pequenas coisas que compõem sua vida, ver III, 13, p. 1111B: "Je me compose pourtant à la perdre sans regret, mais comme perdable de sa condition, non comme moleste et importune" (Estou me preparando porém para perdê-la [a vida] sem tristeza, mas como perdível por sua própria condição e não como molesta e importuna, p. 494) e "(III, 9, p. 968B: Je n'ay rien mien que moy et si en est la possession en partie manque et empruntée. Je me cultive [...] pour y trouver de quoy me satisfaire quand ailleurs tout m'abandonneroit". ("Não tenho nada de meu além de mim, e mesmo essa posse é, em parte, imperfeita e de empréstimo. Eu me cultivo [...] para aí encontrar com que me contentar quando alhures tudo me abandonar" p.274-275).

aposta numa vitória doutrinal da segunda[15] e minimiza ou deliberadamente despreza as passagens de sabor lucreciano dos *Ensaios*[16]. Nego-me igualmente a ver na tensão um entrechoque entre razão estoica e sensibilidade epicurista[17]. Lucrécio, querendo-se racional, é a maior prova do quão condenável é essa simplificação[18].

Montaigne lança mão, em todas as fases de seu livro, de uma referência à universalidade da morte e à sua necessidade para o funcionamento do mundo como estratégia de convencimento para a sua aceitação[19]. Tem-se, nesse ponto, uma afirmação do tempo cíclico da natureza e do tempo linear, conquanto por vezes considerado monótono, da vida de um indivíduo[20]. Mas essa mesma linha do indivíduo inscreve-se no ciclo maior

15 Op. cit., p. 324.
16 Idem, p. 342. H. Friedrich não acredita na adesão de Montaigne ao que escreve em I, 20, p. 95C: "Elle ne vous concerne ny mort ny vif: vif, parce que vous estes; mort, par ce que vous n'estes plus" (Ela não vos diz respeito nem morto nem vivo: vivo, porque existis; morto, porque não mais existis, p.139). É justamente essa a passagem que Starobinski, em oposição, mais valoriza, como eu dissera em "O Problema da Transição", infra. Na p. 349 também assevera que o próprio Montaigne abandona o argumento – cunhado por Luper como "da simetria" –, presente no *Da Natureza das Coisas*, III, v. 852-853; e também em Plutarco, *Consolation à Apollonios*, 109e, de que não devemos nos importar com nossa morte futura assim como não nos importamos com nossa inexistência antes do nascimento, fiando-se no fato de nosso autor usá-lo apenas uma vez (I, 20, p. 92C)! Cf. p. 368. Além de tudo isso, interpreta a personificação da Natureza no III, 13 exclusivamente como uma conversa interior. Sobre os usos nos *Ensaios* do texto de Lucrécio, ver: J. Jondorf, "Death is a Fearful Thing...": Lucretius, Montaigne and the Sonorities of Death, em D. Berven (ed.), *Sources of Montaigne's Thought*.
17 Ao contrário do que diz P. Leschemelle: "La raison plaide pour la nécessité de la mort, la passion pour le réflexe de conservation [...] Les élans stoïciens viennent de la raison, les abandons épicuriens obéissent à la sensibilité", *Montaigne ou la mort paradoxe*, p. 76.
18 A propósito, C. Martha vê dentro do próprio texto de Lucrécio uma contraposição entre a frieza da doutrina racional e a sensibilidade da preocupação com a morte. Até mesmo no *Fédon*, já se encontrou (com grande dose de exagero, parece-me) o reconhecimento de um medo originário que deve ser combatido ou compensado pela atitude sábia. Cf. La Crainte de la mort et de la vie future, *Le Poëme de Lucréce*, p. 142. Ver também P. Ahrensdorf, *The Death of Socrates and the Life of Philosophy*, p. 98-99.
19 A morte ocorre em toda a natureza. Cf. I, 20, p. 92-95A. Nessas passagens, Montaigne, bem ao gosto de Lucrécio, chega a recorrer a uma espécie de personificação da Natureza (III, v. 933ss), cuja voz se dirige àquele que não deve temer a morte.
20 Todos os dias são iguais: I, 20, p. 93A, provavelmente (embora não apenas) tomado de Sêneca (*Epistulae*, XII, 7), que, por sua vez, toma-o de Heráclito.

da natureza assim como uma linha reta no solo na verdade está inscrita na grande circunferência da Terra. Desse modo, Montaigne está recorrendo ao argumento da inserção da morte na natureza com o intuito de dissipar o medo do nosso fim[21].

Procurei em grande parte de meu trabalho amortecer tensões e ambivalências do livro. Agora elas pululam e certos conflitos parecem-me inegáveis:

Não existe logicamente uma contradição nesse tópico específico, mas persiste a tensão entre o reconhecimento do próprio medo e o preceito de sua supressão e, para dar um passo mais à frente, tendo por base o que foi exposto logo acima, entre a intensificação da vivência da singularidade e a estratégia naturalista. Se é precisamente a singularidade que é passageira, fugaz, descontínua, parece paradoxal que, dada a finitude do eu insubstituível, Montaigne aconselhe a vivência intensa das singularidades da experiência desse eu. Igualmente, há um conflito entre o referido lamento pelo fim da vida e a afirmação em não querer prolongá-la a todo custo, como mostrei no capítulo anterior.

A mesma tensão fundamental originariamente se verifica, como expus no final do capítulo 2, entre a constatação da inerência da morte na vida – "todos nós morremos" – e a percepção do morrer intravital – eu estou morrendo e, por fim, hei de morrer –; o que também se reflete na oposição entre as leituras de Friedrich e Starobinski, a qual mostrei no primeiro enfoque do quarto capítulo. A meu ver, assistimos, destarte, a um fracasso não somente do método de simulação como também da confiança na predisposição natural em seu propósito comum de suprimir o temor da morte ou nos prevenir contra ele.

A tensão citada logo acima posiciona nosso filósofo num incômodo entrelugar entre os extremos de Lucrécio e de uma espécie de núcleo existencial semelhante ao que encontramos, por exemplo e talvez pela primeira vez na história da filosofia, em Agostinho, contudo sem seu invólucro religioso, sem que se possa falar em uma destilação direta[22], pois Montaigne marca

---

21   I, 20, p. 93-94A.
22   H. Friedrich fareja na ideia da "condição humana" em Montaigne uma origem cristã. Cf. op. cit., p. 360. C. Blum vai além e defende que a concepção sobre a morte seria essencialmente agostiniana, uma vez que ele a entenderia como

bem sua diferença em relação ao bispo de Hipona[23]. Adotando posição diversa, Claude Blum, lendo toda a reflexão dos *Ensaios* sobre a morte na chave de uma antropologia cristã, vê em Montaigne o mesmo núcleo narrativo invariante cristão que acompanhou toda a literatura francesa renascentista, segundo o qual ao homem foi dada a morte como castigo pela sua transgressão da lei de Deus. Para defender essa semelhança fundamental entre Montaigne e o cristianismo em torno de crenças estruturantes e conceitos basilares, Blum vale-se de uma série de analogias[24] entre trechos dos *Ensaios* e ideias da tradição cristã, mais precisamente, aquelas sobre a imperfeição do homem[25] e da natureza[26], da separação cristã entre corpo e alma, a de estado intermediário de espera[27] e de Juízo Final.

Esse esquema perceptível, embora não declaradamente calcado sobre Kierkegaard, deve ser olhado com reserva. O que encontramos em Montaigne é um núcleo existencial que

> resultante do pecado original, o que, a meu ver, é um absurdo, pois não há uma avaliação sequer nos *Ensaios* da morte como uma imperfeição no sentido do cristianismo; inclusive falar em queda supõe um passado pré-lapsário de perfeição, o que está longe de ser o caso em Montaigne. Creio que as linhas que dedicara a Agostinho no capítulo "Observações Históricas", cujo número, com efeito, supera a importância que o padre teve para o autor dos *Ensaios*, destoam significativamente do que foi dito de Montaigne ao longo de todo o trabalho. Cf. C. Blum, *Montaigne: penseur et philosophe*; e "Mort", em P. Desan (dir.), *Dictionnaire de Michel Montaigne*.
>
> 23 "Toutesfois s'il en faut croire un saint pere: *Malam mortem non facit, nisi quod sequitur mortem*. Et je diroy encores plus vraysemblablement que ny ce qui va devant, ny ce qui vient apres, n'est des appartenances de la mort" (No entanto, se devemos acreditar em um santo padre: 'A morte não é má a não ser pelo que a segue. E eu diria ainda mais plausivelmente que nem o que acontece antes nem o que vem depois pertence à morte, p. 81). Cf. I, 14, p. 56c.
>
> 24 Por vezes, o texto de C. Blum se satisfaz em encontrar no de Montaigne qualquer palavra para confirmar suas teses, de modo inteiramente apartado do seu contexto, como procede alguém que, objetivando não ter a letra reconhecida pelo destinatário, compusesse sua carta com palavras recortadas de jornais. Cf., por exemplo, *La Représentation...*, II, p. 681.
>
> 25 Idem, p. 651 e s.
>
> 26 Idem, p. 651. As indicações do comentador sobre a imperfeição da natureza sublunar em Montaigne, na verdade, nada mais são do que considerações sobre a mutalibilidade universal. A morte na natureza (nunca da natureza em seu todo) em Montaigne provém da filosofia naturalista e não da teologia augustiana, como diz Blum, idem, II, p. 660.
>
> 27 Idem, p. 678. A documentação oferecida por C. Blum nesse tópico consiste tão somente na associação, frequente em Montaigne, entre morte e sono, sem que haja indicação de que ela se refira ao Estado Intermediário de espera pelo Juízo Final.

assumiu o que há de radical na narrativa cristã: a queda de Adão. Entretanto, contra Blum, esse núcleo não é uma patente da tradição judaico-cristã, ele é o trágico. Esse caráter lapsário e imperfeito do humano para Montaigne é uma queda em relação à natureza (sobretudo, se comparado a outros animais) e não em relação ao mandamento divino. O homem não é imperfeito apenas com relação à pura transcendência, mas, antes de tudo, por querer transcender (e se desviar da) imanência que é a natureza[28].

Oposição semelhante àquela que venho traçando é apontada por Lyas[29] entre filosofias que reconhecem o horrível da morte e as que procuram inseri-la numa ordem. Aquele núcleo existencial, cujo conteúdo é uma constatação da descontinuidade e uma afirmação ou assunção do desejo de querer sempre mais além dela, – no limite, a imortalidade – é processado na filosofia de Montaigne pelo operador do ceticismo, rejeitado pelo mestre do Ocidente, e reciclado pelo filósofo perigordino contra a possibilidade de um discurso racional sobre a vida pós-morte e igualmente contra a pretensa certeza da mortalidade por parte da linhagem naturalista. Essa tensão ou dualidade já se expressava de alguma forma no excerto da "Apologia" analisado no início desse livro, no qual Montaigne apõe a ironia naturalista de Lucrécio aos anseios de Paulo. Esse mesmo entre-lugar mal definido e inseguro, inclusive, já se revela em miniatura na hesitação sobre as afecções – particularmente, "medo, desejo e esperança"[30] –, pois o querer mais e sempre mais, tão ruidoso aos ouvidos democriteanos e epicuristas de Lucrécio,

---

28 Essa transgressão faz parte da natureza dispersiva da faculdade de imaginar, como mostrei no primeiro capítulo, supra. Cf. C. Blum, *La Représentation...*, II, p. 652. Para ele, o orgulho e a pretensão humana decorrem, em Montaigne e na tradição cristã, de sua natureza imperfeita. Em apoio, o intérprete faz referência à citação da oferta da serpente ao homem na "Apologia" (p. 655B): *Eritis sicut dii, scientes bonum et malum*. Há duas curiosidades sobre esse trecho: primeira, num acréscimo C, Montaigne cita, com o mesmo estatuto, a sedução das sereias, na *Odisseia*, oferecendo a Ulisses a mesma promessa de conhecimento. Segunda, na verdade a passagem de Montaigne contradiz a afirmação de Blum: é o afã por saber (transcendência cognitiva) – tema central do capítulo – que é o início dos erros e pecados.

29 C. Lyas, That to Philosophise is to Learn How to Die, *Philosophical Investigations*, p. 119-120.

30 I, 3, p. 15B

é ou adotado ou censurado, vez sim, vez não, por Montaigne, como mostrei em meu primeiro capítulo.

De acordo com a linhagem naturalista, um dos responsáveis por julgarmos a vida transitória, insuficiente em relação à eternidade e nos apavorarmos com seu fim não é meramente uma proporção matemática entre finito e infinito, mas, antes de tudo, nosso desejo de viver mais e mais. Isso posto, seria possível um conjunto de medidas profiláticas ou curativas na prevenção ou extirpação do atordoamento que o pavor nos causa, sejam as principais o conhecimento da mecânica do mundo e da alma (solução cognitiva) e o exercício da moderação (solução ética). Haveria quiçá uma outra linhagem na história da filosofia, sem dúvida, com alguma derivação da linhagem agostiniana, que, por seu turno, votaria pelo inverso[31] e que asseguraria que até os naturalistas no fundo temem a morte[32] ou que, mesmo admitindo o caráter originário do desejo de perpetuação de si, declará-lo-ia insaciável ou inextirpável[33]. O parâmetro de avaliação, para grande parte dos pensadores dessa linhagem até o advento da filosofia contemporânea, seria a ideia de uma linha eterna, o que, em nenhum momento, é o caso da reflexão de Montaigne, que assume a morte como característica da vida propriamente humana[34]. Nos *Ensaios*, há tão somente a afirmação do desejo de continuidade da existência terrena, das singularidades da vida mundana, das pequenas vanidades sem as quais ela seria impossível e desse eu terreno, não menos corpo que alma. Em contrapartida, Pascal foi aquele que, precursor de muitas das intuições do futuro existencialismo cristão, reinjetou pleno fôlego à linhagem agostiniana, justamente ao se opor ao lado naturalista e, digamos, imanentista de Montaigne[35].

---

31 Como parece ser a posição do também renascentista I. Ringhieri, em *Dialoghi della vita e della morte*, apud A. Tenenti, *Il Senso della morte e l'amore della vita nel Renascimento (Francia e Italia)*, p. 327-328, propondo que a única certeza que temos diz respeito ao nosso horror de morrer e que esse horror gera nosso desejo pela permanência pós-morte.
32 É a crença de Platão tal como descrita por Montaigne, II, 12, p. 446C.
33 Como mostrei no capítulo "Observações históricas", ao falar da refutação de Agostinho à aplicabilidade do ideal de moderação ao todo da vida.
34 H. Friedrich, op. cit., p. 360-361.
35 Leiam-se seus muitos fragmentos sobre a percepção do nada, sobre a impotência humana e seu tédio: fr. 131; 139 (a razão dos vários males que afligem

Enquanto há intérpretes que, como Friedrich, reduzem a importância dos argumentos e filosofias naturalistas da morte nos *Ensaios*[36], outros há absolutizando esse papel, como os já citados Starobinski e Conche, o qual defende a ideia de que a passividade do segundo Montaigne implica uma absoluta aceitação da extensão da vida, sem qualquer desejo de prolongamento da existência[37], sem que essa passividade dependa, é claro, de qualquer esperança de bens futuros[38].

Referi-me na Introdução a duas tendências de distorção de leitura dos *Ensaios*. Lembra-me ter apresentado lá apenas a primeira delas, não unicamente por desleixo, mas igualmente para conservar um suspense na trama dos argumentos. Friedrich, a meu ver, estaria incorrendo na segunda, a saber, no engano de inflação hermenêutica do texto dos *Ensaios* a partir das posteriores filosofias da existência, em que pese sua tentativa de preservar seu interpretando da rotulação *existencial*[39]. Além da distinção radical apontada por Friedrich entre conhecimento objetivo e experiência interior, aquilo em que os diversos existencialismos ou filosofias da existência insistiram – em discrepância com quase toda a história da filosofia até então – foi na plena assunção da descontinuidade do indivíduo e da morte. Para as clássicas filosofias sobre a morte, uma suposição importante na argumentação contra o medo é que ele pode ser eliminado, ao se apresentar um sentido para a morte, o que significa a pertença do indivíduo a um todo[40]. E dar sentido à morte é conectá-la a outros eventos, dando-lhe um porquê e um para quê, uma causa ou motivo e uma destinação. Os existencialismos ou filosofias da existência aparentam ter em comum entre si que, do ponto de vista do indivíduo, a morte será sempre um furto, uma usurpação, por mais que do ponto de vista seja de uma providência, seja da natureza,

o homem é o seu não contentamento "ne savoir pas demeurer en repos dans une chambre"); 147.
36 Para um exemplo ainda mais extremo, ver C. Blum, *La Représentation...*, II, passim.
37 M. Conche, op. cit., p. 45 e 60.
38 A. Compagnon, De l'experience: un exercice de patience, em C. Blum (org.), *Montaigne et les Essais 1588-1988*, p. 216.
39 H. Friedrich, op. cit., p. 353.
40 A propósito, C. Martha diz que tanto Pascal quanto Lucrécio procuram paz no conhecimento do infinito. Cf. op. cit., p. 167-168.

haja direito e dever em fazê-lo; sendo eventualmente essa uma das razões pelas quais a ideia de um aprendizado do morrer caiu em desuso[41]. Montaigne anuncia a derrocada do conceito de preparação para a morte na filosofia moderna e contemporânea, por tê-lo levado a seus estertores. O filósofo bordelês, sem embargo, tão somente reconhece, com a louvável sinceridade que lhe é típica, o seu próprio medo em momentos específicos, mas não há nos *Ensaios*, se me é permitido repetir, uma só linha que diga que o temor de morrer e da morte não possa ser supresso. Seu sincero rebento, na crosta contida do empenho pelo desassombro, que reconhece: "sou eu mesmo o ameaçado" é um sintoma acanhado, mas não a admissão de um traço inescapável da própria condição humana e é por isso que não podemos simples e irrefletidamente encaixar o filósofo perigordino na linhagem agostiniana. Também não se verifica haver em Montaigne – e até onde posso enxergar, em nenhum filósofo da Antiguidade – a distinção nítida entre o medo de objetos, pessoas ou acontecimentos e a angústia do nada, tão bem delimitada por Heidegger, essa companhia grata e intermitente na leitura de Hugo Friedrich[42], precisamente pelo fato de Montaigne apreender a morte como um fato.

Para Ariès, antes mesmo da secularização da experiência moderna do homem diante da morte (e precisamente propiciando-a), há uma alteração na "experiência íntima" com a morte. O morrer passa a ser cada vez mais solitário: "A antiga continuidade foi substituída por uma soma de descontinuidades"[43]. Embora Montaigne propugne, em qualquer uma das duas fases de suas reflexões sobre a morte, o desprendimento das

---

41 Queda essa referida por A. Hügli, Sterben lernen, em J. Ritter; K. Gründer (orgs.), *Historisches Wörterbuch der Philosophie*, v. 10.
42 Friedrich alude a Heidegger em alguns momentos, por exemplo: p. 482, nota 218; p. 483, nota 228. Na primeira dessas ocorrências, ele chega a interpretar a análise do "ser em relação à morte" (*Sein zum Tode*) como um estudo da antiga temática da morte gradativa, o que é um engano, posto que a filosofia da morte de Heidegger é estritamente ontológica e, de modo algum, adota enfoques biologizantes ou psicologizantes. Há outra leitura aproximando erroneamente Montaigne de Heidegger, ver K. Hedwig, Escepticismo en el Contexto de la Muerte en Montaigne, em *Revista de Filosofía*, v. 6, p. 225.
43 "L'ancienne continuité a été remplacée par une somme de discontinuités". Op. cit., p. 387 e 599.

amarras ritualísticas do outrem no próprio momento agônico, não se fechem nossos olhos para suas relações com a alteridade mediante a destinação de sua memória aos pósteros, como já disse no final do capítulo anterior, em que me havia também perguntado se haveria uma adoção do ideal de glória. A resposta é positiva[44]: em que pese não afirmar uma segurança de imortalidade do nome, Montaigne de fato almeja a glória de sua memória e de seu pensamento, glória que nós, seus leitores, ora humildemente lhe rendemos. Acredito que possa ser um amortecedor essa relação com a alteridade, conquanto não uma cura, para as tensões que mostrei acima[45].

Poder-se-ia esperar que eu, como outros[46], encerrasse o texto falando sobre a morte do próprio Montaigne. É certo, a julgar pelos relatos que temos, que os rituais cristãos e a cena familiar predominaram por fim, todavia meus critérios internalistas não me permitem enxergar aí uma reação contra os ideais de solidão ou mesmo uma desistência de sua abordagem humana e apenas humana ao problema da morte[47].

Ressinto ter chegado tarde a esses estudos: os críticos pouco ou nada de novo me deixaram para dizer. Meu trabalho neste livro foi tão somente colher e escolher aqui e acolá seus comentários e organizá-los de modo coerente entre si e com o livro de Montaigne. Temo, contudo, que, no intento de clarear seu debate, tenha eu introduzido minhas próprias distorções.

---

44 Mais uma vez H. Friedrich tropeça ao dizer que Montaigne rejeita completamente e sempre a conexão com a glória. Cf. op. cit., p. 325 e 362. Com ele também A. Thibaudet, ver *Montaigne*, p. 190.
45 Essa glória exige uma relação de continuidade com o outro: "Il mito della gloria era la riscoperta di una comune sostanza umana superiore all'individuo [...] Ma essa non nasceva nel singolo dal desiderio di 'salvare' la sua singolarità: essa voleva tradurre l'aspirazione dell' 'individuo-in-relazione-agli-altri-tutti'" (O mito da glória foi a redescoberta de uma substância humana comum e superior ao indivíduo. [...] Mas ela não nascia no indivíduo no seu desejo de "salvar" sua singularidade: ela queria traduzir a aspiração do "indivíduo-em-relação-a-todos-os-outros"). Cf. A. Tenenti, op. cit., p. 42, falando de todo o humanismo renascentista.
46 H. Friedrich e F. Premk-Škerlak, por exemplo.
47 Inferência que faz F. Premk-Škerlak identificar uma vitória da transcendência no leito de morte de nosso autor. Cf. *La Signification du moment présent et l'idée de la mort chez M. de Montaigne*, p. 121.

Apêndice

QUADRO DAS PRINCIPAIS VARIAÇÕES TEXTUAIS
NA FILOSOFIA DA MORTE DE MONTAIGNE[1]

---

1   Os capítulos estudados na edição de 1580 e no *Exemplar de Bordeaux* para esse Apêndice foram: (livro I) 3, 8, 14, 18, 19, 20, 21, 33, 37, 39, 57; (livro II) 1, 3, 6, 12, 13, 15, 16, 37; (livro III) 2, 4, 5, 6, 9, 10, 12, 13. Não incluí aqui as passagens e variações citadas e comentadas ao longo do restante do livro.

Localização	Camada	Texto
I, 14, p. 57 (ed. 1580 p. 67)	A	"Ce qui nous fait souffrir avec tant d'impatiẽce la douleur, c'est de n'estre pas accoustumez de prendre nostre cõtentement en l'ame, *c'est d'avoir eu trop de cõmerce avec le corps.*" (O que nos faz sofrer com tanta impaciência à dor é não estarmos acostumados a buscar na alma nosso principal contentamento, *é ter tido demasiado contato com o corpo*, p. 83)
I, 39, p. 246	A	"Il faut retenir à tout nos dents et nos griffes l'usage des plaisirs de la vie, que nos ans nous arrachent des poingts, les uns apres les autres." (Temos de reter com todos os nossos dentes e unhas o uso dos prazeres da vida, que nossos anos nos arrancam dos punhos, uns após os outros", p. 367)
II, 1, p. 337	A	"L'archier doit premierement sçavoir où il vise, et puis y accommoder la main, l'arc, la corde, la flesche et les mouvemens. Nos conseils fourvoyent, par ce qu'ils n'ont pas d'adresse et de but." ("O arqueiro deve primeiro saber onde visa, e depois ajustar a mão, o arco, a corda, a flecha e os movimentos. Nossos projetos extraviam-se, porque não têm endereço certo nem alvo", p. 12)
II, 12, p. 612 (ed.1580 p. 391)	A	"Et puis nous autres sottement craignons une espece de mort, la ou nous en avõs deja passé et en passons tant d'autres." (E depois nós tolamente tememos uma certa espécie de morte, quando já passamos e estamos passando por tantas outras, p. 404).
II, 37, p. 760 (ed. 1580 p. 598)	A	"J'ay au-moins ce profit de la cholique, que ce que je n'avoy encore peu sur moy pour me concilier du tout et m'accointer à la mort, elle le parfera." (Tiro pelo menos este proveito das cólicas, que o que eu tenho ainda conseguira de mim para conciliar-me totalmente e familiarizar-me com a morte, elas completarão, p. 639)
III, 9, p. 971	B	"Il m'advient souvent d'imaginer avec quelque plaisir les dangiers mortels et les attendre: je me plonge la teste baissée stupidement dans la mort, sans la considerer et recognoistre, comme dans une profondeur muette et obscure." (Amiúde me advém de imaginar com um certo prazer os perigos mortais e esperar por eles: mergulho de cabeça baixa estupidamente na morte, sem a examinar nem reconhecer, como em uma profundeza muda e obscura, p. 279)

Alterações	Interpretação
Montaigne risca a parte que grifei. Procura reformular escrevendo: "et de nous armer d'elle contre la mollesse du corps", mas acaba riscando o próprio acréscimo. *Exemplar de Bordeaux*) fl. 19	Montaigne risca parte da declaração, mas procura manter seu sentido filosófico (o ascetismo da primeira fase). Entretanto, muda de ideia e prefere não acrescentar nada mais.
	É digno de interesse que esse excerto tenha um tom inverso ao da estratégia de despojamento: pretende retardar e não adiantar o avanço natural de desprendimento. Trata-se de um texto que prenuncia a configuração da segunda fase, antecedido por passagens nas quais há a reafirmação explícita dos ideais ascéticos de contenção da primeira, por exemplo: "Il me suffit, sous la faveur de la fortune, me preparer à sa défaveur, et me representer, estant à mon aise, le mal advenir, autant que l'imagination y peut attaindre." (p. 243A).
	Embora a declaração da inconstância seja comum desde os primeiros ensaios do livro I, é nesse capítulo como um todo e especialmente nesse trecho que Montaigne aplica a mesma desconfiança da exigência de constância ao todo da vida, sem, contudo, referir-se explicitamente ao problema da morte. A alegoria do arqueiro é tomada de Sêneca (*Epistulae*, LXXI, 2-4). Tanto em Sêneca quanto em Montaigne o problema do "alvo" refere-se ao sumo bem.
	Aqui, Montaigne já fala de uma presumível predisposição natural a não temer a morte, alcançada pelo morrer intravital; mas apenas presumível, pois constata ainda a possibilidade de medo. (Não há referência alguma, negativa ou positiva, ao papel da simulação da morte no trecho).
	Mais uma vez, Montaigne acolhe uma experiência crucial (no caso, a doença), como auxiliar onde a experiência mental não alcança, sem ainda afirmar a desnecessidade dessa última.
	Temos aqui de certo modo uma retomada da simulação da morte. Entretanto, é preciso não fecharmos os olhos para o fato de que Montaigne constata (e não propriamente preceitua) a imaginação frequente já não do momento do morrer, mas sim da morte no primeiro sentido, ou seja, como aquilo que está além da vida, ou, talvez, da passagem da vida à morte.

Localização	Camada	Texto
III, 9, p. 983	B	"Pour achever de dire mes foibles humeurs, j'advoue qu'en voyageant je n'arrive gueres en logis où il ne me passe par la fantasie si j'y pourray estre et malade et mourant à mon aise." (Para terminar de contar sobre meus pobres humores, confesso que viajando dificilmente chego a um alojamento onde não me passe pela imaginação se ali eu poderia ficar doente e moribundo com conforto, p. 298)
I, 14, p. 57	C	*Non enim hilaritate, nec lascivia, nec risu, aut joco comite levitatis, sed saepe etiam tristes firmitate et constantia sunt beati.* (Não é com a alegria, o divertimento, o riso nem o gracejo, companheiro da leviandade, mas sim com a firmeza e a constância que até os tristonhos frequentemente se tornam felizes.)
I, 20, p. 88	C	"Comme celuy qui continuellement me couve de mes pensées, et les couche en moy, je suis à tout' heure preparé environ ce que je puis estre. Et ne m'advertira de rien de nouveau la survenance de la mort." (Como homem que continuamente vou incubando meus pensamentos e dando-os à luz em mim, a todo o momento estou preparado para o que posso ser, p. 130)
I, 20, p. 90	C	"Il y paroist à la farcissure de mes exemples: et que j'ay en particuliere affection cette matiere. Si j'estoy faiseur de livres, je feroy un registre commenté des morts diverses. Qui apprendroit les hommes à mourir, leur apprendroit à vivre." (Parece, na junção de meus exemplos, que tenho particular afeição por essa matéria. Se fosse fazedor de livros, faria um registro comentado de mortes diversas. Quem ensinasse os homens a morrer estaria ensinando-os a viver.", p. 133)

Alterações	Interpretação
	Mais uma vez, a admissão (embora não prescrição) da imaginação frequente, agora sim do momento do morrer. Trata-se de um retorno à prática da simulação da morte.
	Uma citação do *De Finibus* (II, 65) acrescentada como aprimoramento do texto da primeira fase. A outra longa citação na mesma página também é do mesmo livro. O mesmo comentário vale para a última citação latina do ensaio, tirada das *Tusculanas*.
	Indiscutivelmente, um acréscimo posterior a 1588 que retorna à doutrina de pensamento constante na morte.
	Talvez haja um uso irônico da expressão "fazedor de livros", principalmente se compararmos esse trecho com o que Montaigne escrevera em II, 37, p. 784A: "Je suis moins faiseur de livres que de nulle autre besoigne". Mas, mesmo que, na última frase, Montaigne estivesse referindo-se exclusivamente ao "fazedor de livros", ainda assim ele confessa ter especial atenção à questão da morte, também retomando, com esse acréscimo, os pensamentos da primeira camada do capítulo.

Bibliografia

AGOSTINHO. *The City of God Against the Pagans* [*De civitate Dei contra Paganos*]. London: Harvard University Press, 1995. 7 v.
AHRENSDORF, Peter J. *The Death of Socrates and the Life of Philosophy*. New York: Suny, 1995.
ARIÈS, Philippe. *L'Homme devant la mort*. Paris: Seuil, 1977.
ARMAINGAUD, Arthur. Etude sur Michel de Montaigne. In: MONTAIGNE, Michel de. *Les Essais*, v. 1, Paris: Louis Conard, 1924.
ARZT, Helmut. Die pragmatische Lebenslehre des Demokrit und die transzendentale Begründung der Ethik seitens der Ideenfreunde. In: *Proceedings of the 1st International Congress on Democritus*. Xanthi, 1984.
BARUCHELLO, Giorgio. Montaigne and Nietzsche: Ancient and Future Wisdom. *Symposium*. V. 6, N. 1, Primavera 2002.
BAYLE, Pierre. Lucrèce. In: _____. *Dictionnaire historique et critique*. Genève: Slatkine, 1969.
BECKER, Ernest. *The Denial of Death*. New York: The Free Press, 1973.
BENCIVENGA, Ermanno. *The Discipline of Subjectivity: An Essay on Montaigne*. Princeton: Princeton University Press, 1990.
BENOIST, Jocelyn. Montaigne penseur de l'empirisme radical: Une phénoménologie non transcendentale? In: CARRAUD, Vincent; MARION, Jean-Luc (eds.). *Montaigne: Scepticisme, métaphysique, théologie*. Paris: PUF, 2004.
BIGNOTTO, Newton. O Círculo e a Linha. In: NOVAES, Adauto (orgs.). *Tempo e História*. São Paulo: Companhia das Letras, 1992.
_____. Montaigne Renascentista. *Kriterion*. Belo Horizonte, v. 33, n. 86, ago./dez. 1992.
BIRCHAL, Telma. Sobre Auerbach e Montaigne: A Pertinência da Categoria de Mímesis para a Compreensão dos Ensaios. In: DUARTE, Rodrigo e

FIGUEIREDO, Virgínia (orgs.). *Mímesis e Expressão*. Belo Horizonte: Editora da UFMG, 2001.

_____. As Razões de Montaigne. *Síntese*. Belo Horizonte, v. 33, n. 106, 2006.

_____. Fé, Razão e Crença na Apologia de Raymond Sebond: Somos Cristãos como Somos Perigordinos ou Alemães? *Kriterion*. Belo Horizonte, n. 111, 44-54, jan./jun. 2005.

_____. *Montaigne e seus Duplos: Elementos para uma História da Subjetividade*. Tese de Doutorado, São Paulo: FFLCH USP, 2000.

BLUM, C. Mort. In: DESAN, Philippe (dir.). *Dictionnaire de Michel de Montaigne*. Paris: Honoré Champion, 2004.

_____. L'Être et le néant: Les *Essais*, voyage au bout de la métaphysique. In: _____. (org.). *Montaigne: Penseur et philosophe*. Paris: Honoré Champion, 1990.

_____. *La Représentation de la mort dans la littérature française de la Renaissance*. 2 v. Paris: Honoré Champion, 1989.

BOON, Jean-Pierre. *Montaigne: Gentilhomme et essayiste*. Paris: Éditions Universitaires, 1971.

BOSTOCK, David. The Soul and Immortality in Plato's Phaedo. In: WAGNER, Elle (ed.). *Essays on Plato's Psychology*. Lanham: Lexington, 2001.

BOYANCÉ, Pierre. L'Homme et la mort. *Lucrèce et l'épicurisme*. Paris: PUF, 1978.

BRAHAMI, Frédéric. Athéisme. In: DESAN, Philippe (dir.). *Dictionnaire de Michel de Montaigne*. Paris: Honoré Champion, 2004.

_____. *Le Scepticisme de Montaigne*. Paris: PUF, 1997.

_____. *Le Travail du scepticisme*. Paris: PUF, 2001.

BRODY, Jules. From Teeth to Text in *De l'Experience*: A Philological Reading. In: BERVEN, Dikka (ed.). *Montaigne's Rhetoric: Composing Myself for Others*. New York: Garland, 1995.

_____. *Lectures de Montaigne*. Lexington: French Forum, 1982.

BRUN, Jean. A Morte de Sócrates. *Sócrates, Platão, Aristóteles*. Lisboa: Dom Quixote, 1994.

BRUSH, Craig. *Montaigne and Bayle: Variations on the Theme of Skepticism*. Hague: Martinus Nijhoff, 1966.

BUTOR, Michel. *Essais sur les Essais*. Paris: Gallimard, 1968.

CARDOSO, Sérgio. O Homem, um Homem: Do Humanismo Renascentista a Michel de Montaigne. In: JUNQUEIRA FILHO, Luiz Carlos Uchoa (org.). *Pertubador Mundo Novo: História, Psicanálise e Sociedade Contemporânea*. São Paulo: Escuta, 1994.

_____. Paixão da Igualdade, Paixão da Liberdade: A Amizade em Montaigne. In: NOVAES, Adauto (org.). *Os Sentidos da Paixão*. São Paulo: Companhia das Letras, 1987.

_____. Villey e Starobinski: Duas Interpretações Exemplares Sobre a Gênese dos *Ensaios*. *Kriterion*, Belo Horizonte, v. 33, n. 86, ago./dez., 1992.

CARPEAUX, Otto Maria. O Processo de Sócrates. *Ensaios Reunidos*, v. 1, Rio de Janeiro: Univercidade / Topbooks, 2001.

CHORON, Jacques. *Death and Modern Man*. New York: Collier Books, 1964.

CÍCERO. *Caton, l'ancien ou de la vieillesse* [Cato Maior De Senectute]. Paris: Belles Lettres, 1955.

_____. *Des Termes extrêmes des biens et des maux* [*De Finibus bonorum et malorum*]. Paris: Belles Lettres, 1961.

_____. *Tusculan Disputations* [*Tusculanae Disputationes*]. London: Harvard University Press, 1989.

COMPAGNON, Antoine."De l'experience": Un exercice de patience. In: BLUM, Claude (org.). *Montaigne et les Essais 1588-1988: Actes du Congrès de Paris*. Paris: Honoré Champion, 1990.

_____. Penser en marchant. In: CARRAUD, Vincent; MARION, Jean-Luc (eds.). *Montaigne: Scepticisme, métaphysique, théologie*. Paris: PUF, 2004.

COMPAIN, Jean-Marie. L'Imitation socratique dans les *Essais*. In: BLUM, Claude (org.). *Montaigne et les Essais 1588-1988: Actes du Congrès de Paris*. Paris: Honoré Champion, 1990.

COMPAROT, Andrée. *Amour et vérité: Sebon, Vivès et Michel de Montaigne*. Paris: Klincksieck, 1983.

CONCHE, Marcel. *Montaigne et la philosophie*. Paris: PUF, 1996, 2. ed.

_____. Montaigne, penseur de la philosophie. In: CARRAUD, Vincent; MARION, Jean-Luc (eds.). *Montaigne: scepticisme, métaphysique, théologie*. Paris: PUF, 2004.

_____. *Montaigne ou la conscience heureuse*. Paris: Seghers, 1966.

CONDORCET, Jean-Antoine Nicolas de Caritat. *Tableau historique des progrès de l'esprit humain*. Paris: G. Steinheil, 1900.

DASTUR, Françoise. *A Morte: Ensaio sobre a Finitude*. Trad. Maria Tereza Pontes. Rio de Janeiro: Difel, 2002.

DEFAUX, Gerard. De I.20 ("Que philosopher c'est apprendre à mourir") à III.12 ("De la phisionomie"): Écriture et essai chez Montaigne. In: BLUM, Claude (org.). *Montaigne et les Essais 1588-1988: Actes du congrès de Paris*. Paris: Honoré Champion, 1990.

_____. *Marot, Rabelais, Montaigne: L'écriture comme présence*. Paris/Genève: Champion/Slatkine, 1987.

DESAN, Philippe. Lettre sur la mort de La Boétie. In: _____ (dir.). *Dictionnaire de Michel de Montaigne*. Paris: Honoré Champion, 2004.

_____. "Ahaner pour partir" ou les dernières paroles de La Boétie selon Montaigne. In: TETEL, Marcel (org.). *Etienne de La Boétie: sage révolutionnaire et poète périgourdin*. Paris: Honoré Champion, 2004.

DIAGNE, Souleymane B. Pascal et les "sottises de Montaigne": de deux façons de philosopher. In: BLUM, Claude (org.). *Montaigne: Penseur et philosophe*. Paris: Honoré Champion, 1990.

DIXSAUT, Monique. Introduction. In: PLATO. *Phédon*. Paris: Flammarion, 1991.

DRÉANO, Maturin. *La Pensée religieuse de Montaigne*. Paris: Gabriel Beauchesne, 1936.

DUMONT, Jean-Paul; DELATRE, Daniel; POIRIER, Jean-Louis (eds.). *Les Présocratiques*. Paris: Gallimard, 1988.

EPICURO. *Carta sobre a Felicidade*. São Paulo: Unesp, 2002.

ERASMO DE ROTERDAM, Desidério. Liber quomodo se quisque debeat praeparare ad mortem. *Desiderii Erasmii Opera Omnia*. Hildesheim: Georg Olms, 2001, v. 5.

EVA, Luiz Antônio Alves. *Montaigne contra a Vaidade: um Estudo sobre o Ceticismo na Apologia de Raimond Sebond*. São Paulo: Humanitas / Fapesp, 2004.

_____. Notas sobre a Presença de Sêneca nos *Essais* de Montaigne. *Educação e Filosofia*. Uberlândia, 17, n. 1, jan./jun. 1995.
FAGOT-LARGEAULT, Anne. Vie et mort. In: CANTO-SPERBER, Monique (dir.) *Dictionnaire d'éthique et de philosophie morale*. Paris: PUF, 2001.
FEUERBACH, Ludwig. *Gedanken über Tod und Unsterblichkeit. Sämtliche Werke*, v. 1. Stuttgart: Frommann, 1960.
FRIEDRICH, Hugo. *Montaigne*. Berna: Francke, 1949.
GARAVINI, Fausta. Le Fantasme de la mort muette (à propos de I, 2 "De la tristesse")". In: BLUM, Claude (org.). *Montaigne et les Essais 1588-1988: Actes du Congrés de Paris*. Paris: Honoré Champion, 1990.
GAZOLLA, Rachel. *O Ofício do Filósofo Estoico: O Duplo Registro do Discurso de Stoa*. São Paulo: Loyola, 1999.
GIDE, André. "Montaigne". In: MONTAIGNE, Michel. *Les Pages immortelles de Montaigne*. Paris: Editions Corrêa, 1948.
GIGON, Olof. Einleitung. In: PLATÃO. *Meisterdialoge: Phaidon, Symposion, Phaidros*. Zurique / Stuttgart: Artemis, 1958.
GIOCANTI, Sylvia. *Penser l'irrésolution: Montaigne, Pascal, La Mothe Le Vayer: trois itinéraires sceptiques*. Paris: Honoré Champion, 2001.
GUARDINI, Romano. *Der Tod des Sokrates*. Hamburg: Rowohlt, 1958.
HEDWIG, Klaus. Escepticismo en el Contexto de la Muerte en Montaigne. *Revista de Filosofía, (México)*. 6 maio/ago. 1973.
HEIDEGGER, Martin. *Die Grundbegriffe der Metaphysik: Welt, Endlichkeit, Einsamkeit. Gesamtausgabe*, v. 29/30. Frankfurt-am-Main: Vittorio Klostermann, 1992.
_____. *Sein und Zeit*. Tübingen: Max Niemeyer, 1963.
HEITSCH, Dorothea B. Approaching Death by Writing: Montaigne's *Essays* and the Literature of Consolation. *Literature and Medicine*. n. 1, 19, primavera 2000.
HORÁCIO. *Odes et Epodes [Carminum]*. Paris: Les Belles Lettres, 1954.
HÜGLI, Anton. Sterben lernen. In: RITTER, Joachim; GRÜNDER, Karlfried (orgs.). *Historisches Wörterbuch der Philosophie*. Basileia: Schwabe, 1976, v. 10.
JENNY, Laurent. *L'Expérience de la chute: de Montaigne à Michaud*. Paris: PUF, 1997.
JONDORF, Gillian. "Death is a fearful thing...": Lucretius, Montaigne and the Sonorities of Death. In: BERVEN, Dikka (ed.). *Sources of Montaigne's Thought*. New York: Garland, 1995.
KUNDERA, Milan. *A Insustentável Leveza do Ser*. Rio de Janeiro: Record, 1995.
LAÉRCIO, Diógenes. *Vidas e Doutrinas dos Filósofos Ilustres*. Trad. Mário da Gama Kury. Brasília: Editora da UnB, 1988.
LESCHEMELLE, Pierre. *Montaigne ou la mort paradoxe*. Paris: Imago, 1993.
LIMA, Luiz Costa. *Limites da Voz: Montaigne, Schlegle, Kafka*. Rio de Janeiro: Rocco, 1993.
LUCRÉCIO. *De la nature [De Rerum Natura]*. Paris: Les Belles Lettres, 1955.
LUPER, Steven. Death. In: *Stanford Encyclopedia of Philosophy*. Disponível em: <http://plato.stanford.edu>.
LYAS, Colin. That to Philosophise is to Learn How to Die. *Philosophical Investigations*. Oxford: Blackwell. 16, n. 2, abr. 1993.
MACHADO, Jovino. *Disco*. Belo Horizonte: Orobó, 1998.

MARION, Jean-Luc. Qui suis-je pour ne pas dire *ego sum, ego existo*? In: CARRAUD, Vincent; MARION, Jean-Luc (eds.). *Montaigne: scepticisme, métaphysique, théologie*. Paris: PUF, 2004.
MARTHA, Constant. La Crainte de la mort et de la vie future. *Le Poëme de Lucrèce: Morale, religion, science*. Paris: Hachette, 1905.
MONTAIGNE, Michel de. *Os Ensaios*. Trad. Rosemary Costhek Abílio. São Paulo: Martins Fontes, 2000-2001.
_____. Hommage à La Boétie. *Oeuvres complètes*. Paris: Seuil, 1967.
_____. *Essais de messire Michel de Montaigne*. Bourdeaus: S. Milanges, 1580. Disponível em: <http://gallica.bnf.fr>.
_____. *Journal de Voyage en Italie par la Suisse et l'Allemagne en 1580 et 1581*. Paris: Les Belles Lettres, 1946.
_____. *Les Essais* (exemplar de Bordeaux). Disponível em: <http://www.lib.uchicago.edu/efts/ARTFL/projects/montaigne/index.html>.
_____. *Les Essais*. Edição de Villey-Saulnier. Paris: PUF, 1998.
NAKAM, Géralde. La Vie, la mort, le livre. *Montaigne et son temps: L'Histoire, la vie, le livre*. Paris: Gallimard, 1993.
_____. Les Chapitres de "extrême congé". *Montaigne: La Manière et la matière*. Paris: Klincksieck, 1991.
NEHAMAS, Alexander. *The Art of Living: Socratic Reflections from Plato to Foucault*. Berkeley: University of California Press, 1998.
NIETZSCHE, Friedrich. Das Problem des Sokrates. *Götzendämmerung*. Berlin: De Gruyter, 1999. (Kritische Studienausgabe, v. 6).
_____. *Die fröhliche Wissenschaft*. Berlin: De Gruyter, 2001. (Kritische Studienausgabe, v. 3).
_____. *Die Geburt der Tragödie*. Berlin: De Gruyter, 1999. (Kritische Studienausgabe, v. 1).
_____. *Zur Genealogie der Moral: eine Streitschrift*. Berlin: De Gruyter, 1999. (Kritische Studienausgabe, v. 5).
NOVAK, Maria da Glória. Morte: Princípio e Fim no *De Rerum Natura*. *Classica*. São Paulo, 7/8: 1994/1995.
PAES, José Paulo. *Socráticas*. São Paulo: Companhia das Letras, 2001.
PASCAL, Blaise. *Pensées*. Organização de Brunschvicg. Paris: Luteta, s. d.
PÉROUSE, Gabriel A. La Lettre sur la mort de la Boétie et la première conception des Essais. In: BLUM, Claude (org.). *Montaigne et les Essais 1580-1980: Actes du Congrès de Bordeaux*. Paris/ Genève: Honoré Champion / Slatkine, 1983.
PESSOA, Fernando. *Livro do Desassossego*. Org. Richard Zenith. São Paulo: Companhia das Letras, 2002.
PLATÃO. *Critão*. *Diálogos*. Trad. Carlos Alberto Nunes. Belém: Editora da UFPA, 1980, 2v.
_____. Defesa de Sócrates. *Sócrates*. São Paulo: Nova Cultural, 1987. (Coleção Os Pensadores.)
_____. Fédon. *Platão*. São Paulo: Abril Cultural, 1972. Tradução Jorge Paleikat e João Cruz Costa (Coleção Os Pensadores.)
_____. *Timeu*. *Diálogos*, v. XI. Belém: Editora da UFPA, 1986.
PLUTARCO. Vie de Solon. *Les Vies des hommes illustres*. Trad. Jacques Amyot. Paris: Gallimard, 1951.

_____. *Comment on peut s'apercevoir qu'on progresse dans la vertu. Consolation à Apollonios. De La tranquillité de l'âme. De la Superstition. Oeuvres morales*. Paris: Les Belles Lettres, 1987.

_____. *On Stoic Self-contradictions. Moralia*. London: Harvard University Press, 1976.

POPKIN, Richard. *The History of Scepticism from Erasmus to Spinoza*. California: University of California Press, 1979.

PREMK-ŠKERLAK, Francka. *La Signification du moment présent et l'idée de la mort chez M. de Montaigne*. Zürich, 1973.

RIGOLOT, François. *Les Métamorphoses de Montaigne*. Paris: PUF, 1988.

SALEM, Jean. *Lucrèce et l'éthique: La Mort n'est rien pour nous*. Paris: Vrin, 1997.

SCHAEFER, David Lewis. To Philosophize Is to Learn How to Die. *The Political Philosophy of Montaigne*. New York: Cornell University Press, 1990.

SCLAFERT, Clément. *L'Âme religieuse de Montaigne*. Paris: Nouvelles Editions Latines, 1951.

SCREECH, Michaël. *Montaigne et la Mélancolie: La Sagesse des Essais*. Paris: PUF, 1992. (tradução de *Montaigne and Melancholy*).

SÊNECA, Lúcio. *De brevitate vitae. Moral Essays*, v. III, Cambridge/London: Harvard University Press, 1996.

_____. *Lettres à Lucilius* [*Epistulae morales ad Lucilium*]. Paris: Les Belles Lettres, 1969.

SEXTUS EMPIRICUS. *Outlines of Pyrrhonism*. London: Harvard University Press, 1993.

STAROBINSKI, Jean. *Montaigne en mouvement*. Paris: Gallimard, 1982.

_____. Montaigne: des morts exemplaires à la vie sans exemples. *Critique*. Paris: Minuit, n. 258, nov. 1968.

STROWSKI, Fortunat. "Montaigne et l'angoisse contemporaine". In: MEC. *Cursos e Conferências*. Rio de Janeiro: Serviço de Documentação do Ministério da Educação e Saúde, 1946.

TENENTI, Alberto. *Il senso della morte e l'amore della vita nel Rinascimento (Francia e Italia)*. Torino: Einaudi, 1957.

THIBAUDET, Albert. *Montaigne*. Paris: Gallimard, 1963.

TOLSTÓI, Liev. *A Morte de Ivan Illitch*. Trad. Vera Karam. Porto Alegre: L&PM, 1997.

TOURNON, André. "Action imparfaite de sa propre essence...". In: CARRAUD, Vincent; MARION, Jean-Luc (eds.). *Montaigne: scepticisme, métaphysique, théologie*. Paris: PUF, 2004.

_____. *Montaigne: La Glose et l'essai*. Lyon: Presses Universitaires de Lyon, 1983.

VIEIRA, Antônio. *A Arte de Morrer*. Organização de Alcir Pécora. São Paulo: Nova Alexandria, 1994.

VILLEY, Pierre. *Les Sources et l'Evolution des Essais de Montaigne*. 2. ed. Osnabrück: Otto Zeller, 1976 (reimpressão da edição de 1933).

VOLTAIRE. Enfer. *Dictionnaire philosophique*. Paris: Garnier, 1967.

WEBER, Max. Konfuzianismus und Taoismus Zwischenbetrachtung: Theorie der Stufen und Richtungen religiöser Weltablehnung. *Gesamte Aufsätze zur Religionssoziologie* I. Disponível em < http://www.china1900.info/gedanken/weberstudie/zwischenbetrachtung.htm>.

_____. *Die protestantische Ethik und der Geist des Kapitalismus.* (Edição Marianne Weber). Disponível em: <www.uni-potsdam.de/u/paed/Flitner/Flitner/Weber/index.htm>.

XENOFONTE. Ditos e Feitos Memoráveis de Sócrates; Apologia de Sócrates. *Sócrates*, 4. ed. São Paulo: Nova Cultural, 1987. (Coleção Os Pensadores)

Filmografia

A Concepção. Direção: José Eduardo Belmonte. Brasília, 2006.
O Sétimo Selo. Direção: Ingmar Bergman. Suécia, 1957.
Visões de Morte. Direção: Michael Scott. Tradução de *Deadly Visions.* EUA, 2004.

FILOSOFIA NA PERSPECTIVA

O Socialismo Utópico
Martin Buber (D031)

Filosofia em Nova Chave
Susanne K. Langer (D033)

Sartre
Gerd A. Bornheim (D036)

O Visível e o Invisível
M. Merleau-Ponty (D040)

Linguagem e Mito
Ernst Cassirer (D050)

Mito e Realidade
Mircea Eliade (D052)

A Linguagem do Espaço e do Tempo
Hugh M. Lacey (D059)

Estética e Filosofia
Mikel Dufrenne (D069)

Fenomenologia e Estruturalismo
Andrea Bonomi (D089)

A Cabala e seu Simbolismo
Gershom Scholem (D128)

Do Diálogo e do Dialógico
Martin Buber (D158)

Visão Filosófica do Mundo
Max Scheler (D191)

Conhecimento, Linguagem, Ideologia
Marcelo Dascal (org.) (D213)

Notas para uma Definição de Cultura
T. S. Eliot (D215)

Dewey: Filosofia e Experiência Democrática
Maria Nazaré de C. Pacheco Amaral (D229)

Romantismo e Messianismo
Michel Löwy (D234)

Correspondência
Walter Benjamin e Gershom Scholem (D249)

Isaiah Berlin: Com Toda a Liberdade
Ramin Jahanbegloo (D263)

Existência em Decisão
Ricardo Timm de Souza (D276)

Metafísica e Finitude
Gerd A. Bornheim (D280)

O Caldeirão de Medéia
Roberto Romano (D283)

George Steiner: À Luz de Si Mesmo
Ramin Jahanbegloo (D291)

Um Ofício Perigoso
Luciano Canfora (D292)

O Desafio do Islã e Outros Desafios
Roberto Romano (D294)

Adeus a Emmanuel Lévinas
Jacques Derrida (D296)

Platão: Uma Poética para a Filosofia
Paulo Butti de Lima (D297)

Ética e Cultura
Danilo Santos de Miranda (D299)

Emmanuel Lévinas: Ensaios e Entrevistas
François Poirié (D309)

Homo Ludens
Joan Huizinga (E004)

Gramatologia
Jacques Derrida (E016)

Filosofia da Nova Música
T. W. Adorno (E026)

Filosofia do Estilo
Gilles Geston Granger (E029)

Lógica do Sentido
Gilles Deleuze (E035)

O Lugar de Todos os Lugares
Evaldo Coutinho (E055)

História da Loucura
Michel Foucault (E061)

Teoria Crítica I
Max Horkheimer (E077)

A Artisticidade do Ser
Evaldo Coutinho (E097)

Dilthey: Um Conceito de Vida e uma Pedagogia
Maria Nazaré de C. P. Amaral (E102)

Tempo e Religião
Walter I. Rehfeld (E106)

Kósmos Noetós
Ivo Assad Ibri (E130)

História e Narração em Walter Benjamin
Jeanne Marie Gagnebin (E142)

Cabala: Novas Perspectivas
Moshe Idel (E154)

O Tempo Não-Reconciliado
Peter Pál Pelbart (E160)

Jesus
David Flusser (E176)

Avicena: A Viagem da Alma
Rosalie Helena de S. Pereira (E179)

Nas Sendas do Judaísmo
Walter I. Rehfeld (E198)

Cabala e Contra-História: Gershom Scholem
David Biale (E202)

Nietzsche e a Justiça
Eduardo Rezende Melo (E205)

Ética contra Estética
Amelia Valcárcel (E210)

O Umbral da Sombra
Nuccio Ordine (E218)

Ensaios Filosóficos
Walter I. Rehfeld (E246)

Filosofia do Judaísmo em Abraham Joshua Heschel
Glória Hazan (E250)

A Escritura e a Diferença
Jacques Derrida (E271)

Mística e Razão: Dialética no Pensamento Judaico. De Speculis Heschel
Alexandre Leone (E289)

Ensaios sobre a Liberdade
Celso Lafer (EL038)

O Schabat
Abraham J. Heschel (EL049)

O Homem no Universo
Frithjof Schuon (EL050)

Quatro Leituras Talmúdicas
Emmanuel Levinas (EL051)

Yossel Rakover Dirige-se a Deus
Zvi Kolitz (EL052)

Sobre a Construção do Sentido
Ricardo Timm de Souza (EL053)

A Paz Perpétua
J. Guinsburg (org.) (EL055)

O Segredo Guardado
Ili Gorlizki (EL058)

Os Nomes do Ódio
Roberto Romano (EL062)

A Filosofia do Judaísmo
Kafka: A Justiça, O Veredicto e a Colônia Penal
Ricardo Timm de Souza (EL063)
Julius Guttmann (PERS)

O Brasil Filosófico
Ricardo Timm de Souza (K022)

Diderot: Obras I – Filosofia e Política
J. Guinsburg (org.) (T012-I)

Diderot: Obras II – Estética, Poética e Contos
J. Guinsburg (org.) (T012-II)

Diderot: Obras III – O Sobrinho de Rameau
J. Guinsburg (org.) (T012-III)

Diderot: Obras IV – Jacques, o Fatalista, e Seu Amo
J. Guinsburg (org.) (T012-IV)

Diderot: Obras V – O Filho Natural
J. Guinsburg (org.) (T012-V)

Diderot: Obras VI (1) – O Enciclopedista – História da Filosofia I
J. Guinsburg e Roberto Romano (orgs.) (T012-VI)

Diderot: Obras VI (2) – O Enciclopedista – História da Filosofia II
J. Guinsburg e Roberto Romano (orgs.) (T012-VI)

Diderot: Obras VI (3) – O Enciclopedista – Arte, Filosofia e Política
J. Guinsburg e Roberto Romano (orgs.) (T012-VI)

Diderot: Obras VII – A Religiosa
J. Guinsburg (org.) (T012-VII)

Platão: República – Obras I
J. Guinsburg (org.) (T019-I)

Platão: Górgias – Obras II
Daniel R. N. Lopes (introdução, trad. e notas) (T019-II)

Hegel e o Estado
Franz Rosenzweig (T021)

Descartes: Obras Escolhidas
J. Guinsburg, Roberto Romano e
Newton Cunha (orgs.) (T024)

As Ilhas
Jean Grenier (LSC)

Este livro foi impresso em São Paulo,
nas oficinas da Orgrafic Gráfica e Editora Ltda., em agosto de 2011,
para a Editora Perspectiva s.a.